Robert Kleinschroth
Dieter Maupai

La Grammaire en s'amusant

Wichtige Regeln zum Anlachen

ro
ro
ro

Rowohlt

Wir danken Ursula Kleinschroth und Anne-Laure Maupai
für ihre Mithilfe beim Erstellen
des Manuskripts.

Originalausgabe
Veröffentlicht im Rowohlt Taschenbuch Verlag GmbH,
Reinbek bei Hamburg, Januar 1990
Copyright © 1990 by Rowohlt Taschenbuch Verlag GmbH,
Reinbek bei Hamburg
Umschlagillustration und Kapitelstarter Gerd Huss
Umschlagtypographie Peter Wippermann / Nina Rothfos
Satz Times (Linotronic 500)
Gesamtherstellung Clausen & Bosse, Leck
Printed in Germany
1280-ISBN 3 499 18714 0

Inhalt

Vorwort

Ganz gleich, ob Sie Reisender, Geschäftsmann, Schüler oder Student sind, Sie haben eine gute Wahl getroffen. Sie werden **Französisch** mal mit einem Lachen, mal mit einem Schmunzeln auf den Lippen lernen, denn Sie halten die **«Grammatik für Frohnaturen»** in Händen. Sollten Sie mit Grammatik nichts im Sinn haben, dann begleiten Sie uns einfach auf unserem Spaziergang durch den Humor unserer französischen Nachbarn. Mit über **460 Witzen, Graffiti und Zitaten** ist diese Grammatik zugleich ein unterhaltsames Lesebuch.

«La Grammaire en s'amusant» ist für all jene geschrieben, die das Erlernen einer Fremdsprache als Grammatikbüffeln und Vokabelpauken in schlechter Erinnerung haben. Sie wendet sich an alle **Schüler**, die Schwierigkeiten mit trockenen Grammatikregeln und dürren Beispielsätzen ohne Zusammenhang haben; aber auch an **Eltern**, die ihren Kindern helfen wollen, und nicht zuletzt an alle **Lehrer**, die schon immer Französisch mit Humor unterrichtet haben und die ihr Repertoire erweitern möchten.

Unsere Beispiele sind Witze, Graffiti, lustige und zugleich tiefsinnige Zitate, also keine losgelösten Beispielsätze, sondern vollständige Minitexte und kleine Alltagssituationen, die man sich leicht merken kann, die man vielleicht weitererzählen will und sich deshalb gerne einprägt. So lernt man Sprachen!

Unsere Regeln sind ebenfalls «merkwürdig» im wahrsten Sinne des Wortes. Wir haben sie in kurze Zwei- und Vierzeiler gekleidet, denn Gereimtes läßt sich öfters lesen und besser behalten als Ungereimtes. Die Wahl der Beispiele und die Form der Regeln machen **«La Grammaire en s'amusant»** zu einer neuartigen **«Lerngrammatik»**.

Auch wenn Sie nicht über jeden Witz lachen können, sollen Sie doch jeden Witz verstehen. Dafür sorgen ausführliche Wörterverzeichnisse am Ende jedes Kapitels. Eine heitere Testseite erlaubt Ihnen, das Gelernte zu überprüfen und zu vertiefen. Auch diese beiden Elemente wird man in den herkömmlichen Grammatiken vergeblich suchen.

Sind Sie der ideale Leser für unser Buch? Machen Sie nebenstehenden Test, dann finden Sie es schnell heraus.

Unser Lesertest

1. Gefällt Ihnen diese Seite, sind Sie der ideale Leser.
2. Sollten Sie hier nicht schmunzeln können, dann blättern Sie bitte weiter. Unter den vielen hundert Witzen ist auch für Sie etwas dabei.

Le médecin en chef de l'hôpital militaire demande à *l'infirmière*:
– *Quoi de neuf* depuis hier soir?
– Rien, docteur, *à part* notre *simulateur* de la chambre 7 qui est mort.

Une petite fille qui ouvre la porte de la salle de bains, au moment où son père sort de *la baignoire*, court vers sa mère:
– Maman! maman! Je crois que papa est un garçon!

Qu'est-ce qui est très long et très *dur* et qui *fait la différence* entre l'homme et la femme?
(*Le service militaire*, bien sûr)

Un homme entre chez le *boucher*.
– Je viens vous *demander la main de* votre fille, monsieur.
Le boucher, un peu *distrait*:
– Avec ou sans *os*?

---

l'infirmière: Krankenschwester; **quoi de neuf:** was gibt es Neues; **à part:** abgesehen von; **le simulateur:** Simulant; **la baignoire:** Badewanne; **dur:** hart; **faire la différence:** den Unterschied ausmachen; **le service militaire:** Militärdienst; **le boucher:** Metzger; **demander la main de qn:** um jemandes Hand bitten; **distrait:** zerstreut; **un os:** Knochen

Ein kleiner Wegweiser

Dieses Buch verbindet das Nützliche mit dem Angenehmen. Es ist eine «Lerngrammatik» und ein Lesebuch, eine Sammlung von Witzen. Jedes Kapitel gliedert sich in vier Teile:

1. Auf den **linken Buchseiten** finden Sie die **Grammatikregeln in Versform**. Sie entsprechen in ihrer Ausführlichkeit einer Grammatik für Anfänger und Fortgeschrittene.

2. Auf den **rechten Seiten** stehen die Beispieltexte, die **Witze zu den Regeln**. Diese rechten Seiten sind zusammen mit den «Extra-Witz-Seiten» ein kleines Lesebuch in sich.

3. **Ein Testteil**, der ebenfalls **aus humorvollen kurzen Texten** besteht, gibt Ihnen Gelegenheit, Ihr **Wissen** zu **überprüfen**. Die **Lösungen** können Sie **im Anhang** nachschlagen.

4. Der **Vokabelteil am Ende jedes Kapitels** sorgt dafür, daß Sie alles verstehen und **Ihren Wortschatz erweitern** können.
   Durch die beiden letzten Teile eines jeden Kapitels wird **La Grammaire en s'amusant** zu einer echten «Lerngrammatik» im Gegensatz zu den traditionellen Nachschlagegrammatiken.

5. Und damit dies alles nicht zu ernst wird, sorgen **Extra-Seiten mit ausgewählten Witzen** zu verschiedenen Themen des menschlichen Daseins für **Entspannung und Abwechslung**.

Ein Wort zur Methode

Warum Witze, Graffiti und humorvolle Zitate?

Die Beispiele herkömmlicher Grammatiken haben einige Nachteile für das Erlernen einer Sprache. Meist sind sie künstlich konstruiert, banal und ohne Zusammenhang. Sie machen deshalb keinen Sinn für den Leser. Sinnlose, zusammenhanglose Sätze aber prägen sich schlecht ein.

Der Witz ist ein kurzer, abgeschlossener Text, der eine Situation schildert oder eine kleine Geschichte in lebendiger Umgangssprache erzählt. Mit diesem Buch lernen Sie Sprache im Kontext, eingebettet in Situationen.

Ein Witz mit Pointe ist eine intellektuelle Herausforderung. Man liest ihn, bis man ihn verstanden hat. Ist der Witz gut, wird man ihn weitererzählen. Kein zusammenhangloser Grammatiksatz motiviert zu diesen Wiederholungen und Anwendungen. Wiederholen und Anwenden ist aber das A und O des Sprachenlernens.

Eine gute Pointe verhilft uns zu einem «Aha-Erlebnis». Deshalb geht ein Witz viel leichter vom Kurzzeitgedächtnis in das Langzeitgedächtnis über als trockene Grammatikbeispiele.

Warum Grammatikregeln in Versen?

Das Bemühen, Wissen in rhythmischer und gereimter Sprache zu vermitteln, ist so alt wie der Beruf des Erziehers. Beide, Regel und Verse, sollte man mehrmals lesen, um sie zu verinnerlichen. Das gelingt mit Versen besser als mit der nüchternen Regelsprache der Grammatiker. Dabei brauchen die «Sprüche» keinerlei lyrische Qualitäten zu besitzen. Je dümmer der Spruch, um so einprägsamer scheint er zu sein. Man denke an *«333 bei Issos Keilerei»* oder an dieses Satzungetüm: *«Wer brauchen ohne ZU gebraucht, braucht brauchen überhaupt nicht zu gebrauchen.»*

Lehrern, die Grammatik mit Witz und Humor vermitteln, geht es bestimmt nicht wie der Kollegin in der folgenden kleinen Geschichte:

*Au moment de sortir de l'école, un petit garçon de huit ans dit à l'**institutrice:***
*– Mademoiselle, s'il vous plaît, dites-moi ce que j'ai **appris** aujour-
d'hui, **parce que** papa, **il me le demande tous les soirs.***

---

une institutrice: eine Lehrerin; **apprendre:** lernen; **appris,e:** gelernt; **parce que:**
weil; **il me le demande:** er fragt mich danach; **tous les soirs:** jeden Abend

Die temporalen Hilfsverben
avoir und *être*

Les auxiliaires de temps
avoir et *être*

VOUS CONNAISSEZ L'HISTOIRE DE CE BELGE QUI VOULAIT SE SUICIDER ET QUI S'EST JETÉ SOUS UNE VOITURE EN STATIONNEMENT?

Die temporalen Hilfsverben
avoir und *être*

Mit dem Verbenpaar
Être: sein und haben: *avoir*,
Die zum Zeitenbilden dienen,
Wollen wir das Buch beginnen.

Zum **Zeitenbilden** werden sie verwandt
Und darum «**temporal**» genannt,
Mit ihrer Hilfe bilden wir
Viele Zeiten – im ganzen vier.

Zeit	Beispiel
1. *Passé composé*	*j'**ai** donné*
2. *Plus-que-parfait*	*tu **étais** allé*
3. *Futur II*	*il **aura** donné*
4. *Conditionnel II*	*vous **seriez** allés*

Zum Gebrauch siehe die jeweiligen Kapitel.

Die Verneinung: La négation

Um das Verb, das konjugiert,
wird *ne* und *pas* herumgruppiert.

– Je **ne** suis **pas** allé à la messe aujourd'hui.
  Peux-tu me dire si le curé a parlé longtemps?
– Au moins trois quarts d'heure.
– Et de quoi a-t-il parlé?
– Il **ne** l'a **pas** dit.

Les auxiliaires de temps
avoir et *être*

homme politique

Un bon politicien est celui qui est capable de prédire l'avenir et qui, par la suite, est également capable d'expliquer, pourquoi les choses ne **se sont** pas **passées** comme il l'**avait prédit**.

Winston Churchill

– La première fois que **j'ai demandé** une fille en mariage, raconte un homme, son père m'**a jeté** par la fenêtre de leur appartement au second étage.
– Qu'**avez-vous fait** alors?
– Par la suite, **je** n'**ai** plus **fréquenté** que des filles habitant au rez-de-chaussée.

Dans une dictature quelque part dans le monde:
– Tu savais que Dupont **était mort**?
– Non, je ne savais même pas qu'il **avait été arrêté**.

Lehmann

– Je suis désespéré, confie un noceur à un ami. Mon futur beau-père n'accepte de me voir épouser sa fille que lorsque **j'aurai payé** toutes mes dettes.
– Eh bien, paie-les.
– C'est que, j'en suis bien incapable tant que **je** n'**aurai** pas **épousé** sa fille.

Sur un trottoir, un chien et une chienne s'indignent en voyant passer un couple en tandem.
– Ce serait nous, soupire le chien, il y a longtemps que l'on nous **aurait balancé** un seau d'eau.

Das Hilfsverb *être*

Qui sait dessiner ?
Peut-être il y a   un talent indécouvert

Das Haus der intransitiven Verben

Betrachten wir das *être*-Haus!
Die Verben drücken alle aus:
Ein Hin, ein Her; ein Rein, ein Raus;
Ein Rauf und Runter, ein Pausieren:
Sie müssen wir mit *être* konjugieren!

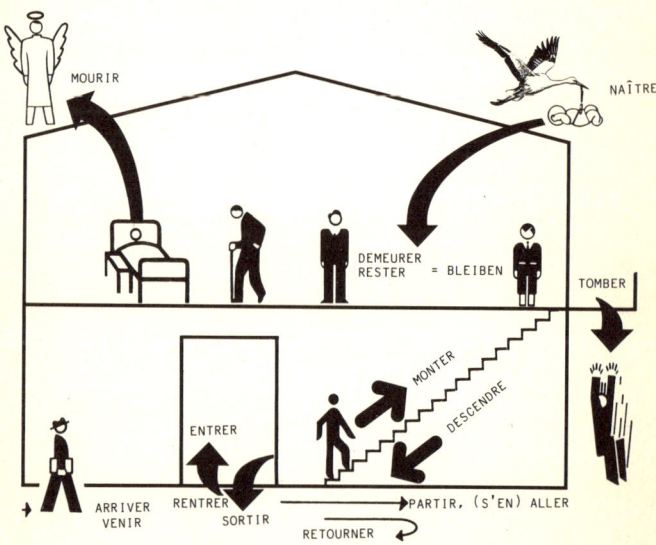

Und ebenso verfährst Du,
Tritt eine Vorsilbe hinzu.

renaître	wiederaufleben	**re**partir	wieder abreisen
retomber	zurückfallen	**con**venir de	etwas vereinbaren
devenir	werden	**par**venir à	gelangen zu
revenir	zurückkommen	**sur**venir	plötzlich erscheinen

14

L'auxiliaire *être*

Deux hommes qui ont tous les deux les jambes dans le plâtre partagent la même chambre d'hôpital.
– Qu'est-ce qui vous **est arrivé** à vous?
– Accident de voiture. **Je suis rentré** dans un arbre. Et vous?
– J'ai voulu éviter un enfant.
– Et **vous êtes** aussi **rentré** dans un arbre?
– Non, je **suis tombé** du lit.

Une dame angoissée **est entrée** dans un commissariat de police et a dit:
– Ça s'est passé il y a un mois. J'avais préparé le déjeuner. Mon mari **est descendu** chercher une boîte de petits pois à l'épicerie. Et **il n'est** jamais **revenu**. Qu'est-ce qu'il faut faire?
Et le commissaire a répondu:
– Eh bien, faites des pommes frites.

Un père se promène dans un jardin avec sa petite fille.
– Tu vois, lui explique-t-il, toi, **tu es née** dans ce massif de roses et ton frère **est né** dans les tulipes.
– Pourquoi? Vous faisiez tout le temps l'amour dans le jardin?

Un brave homme déclare à son médecin:
– Vous m'aviez dit que ma femme guérirait en suivant votre traitement et **elle est morte**.
– Elle l'a suivi pendant combien de temps?
– Quinze jours.
– Voilà! fait le médecin, elle aurait dû m'écouter. Je lui avais dit de le suivre pendant un mois.

Das Hilfsverb *être*

Die verflixten Ausnahmen:

Manch Verb, es trügt der Schein,
Kann **transitiv** auch sein.
Dann folgt ihm ein **Objekt**,
Präpositionslos, also **direkt**.

Tritt ein Objekt zu ihm hin,
Verändert es auch seinen **Sinn**.
Drum, wie die Witze illustrieren,
Ist es mit **avoir** zu konjugieren.

intransitiv gebraucht	transitiv: Bedeutungswandel
Elle **est montée.**	*Elle* **a monté** *la valise.*
Nous **sommes descendus.**	*Nous* **avons descendu** *la table.*
Je **suis retourné.**	*J'ai retourné* *le livre.*
Ils **sont** *sortis.*	*Ils* **ont sorti** *la poubelle.*

Anmerkung:

Ist ein Hauptverb **reflexiv**,
Oder steht es im **Passiv**,
Läßt es sich in den vier Zeiten
Allein von *être* nur begleiten.

16

L'auxiliaire *être*

Un touriste texan visite la tour Eiffel. Il branle la tête et dit à sa femme:
— Tu vois, les Français sont vraiment fous! Ça fait cent ans qu'ils ont construit ce truc-là et ils n'**ont** toujours pas **sorti une goutte de pétrole**.

— Chérie, **as-tu rentré la voiture** au garage?
— Oui, mon amour, répond la dame. Enfin... en partie.

Alfred Capus était un chaud partisan du divorce.
— Je veux bien, disait-il, **être embêté** toute ma vie par une femme, mais pas par la même.

Vous connaissez l'histoire de ce Belge qui voulait se suicider et qui **s'est jeté** sous une voiture en stationnement?

— Nous avons été, ma femme et moi, merveilleusement heureux pendant vingt ans.
— Et ensuite?
— Et ensuite, **nous nous sommes rencontrés**.

Cette pancarte **est accrochée** à l'entrée de la cantine d'une usine:
— En raison du décès du cuisinier, aujourd'hui, il ne **sera servi** que de la viande froide.

17

Das Hilfsverb *avoir*

Zu diesem Hilfsverb müssen
Wir nur eine Regel wissen:
Mit *avoir* wird konjugiert,
Was nicht mit *être* kombiniert.

Critique dans un journal:
Hier, au théâtre de la ville, un groupe
*musical **a joué** Mozart. Mozart **a perdu.***

Merke:
Mit *avoir* werden gepaart
Verben der **Bewegungsart**
wie *sauter*, *voler* und *courir*,
marcher, *rouler*, *conduire*.

Une jeune fille, au volant d'une voiture de sport, fonce à toute allure.
Un motard l'arrête:
*– Est-ce que j'**ai conduit** trop vite, monsieur l'agent? demande-t-elle*
d'un air innocent.
*– Non, mademoiselle, fait le gendarme, vous **avez volé** trop bas.*

Doch mit *être* müssen wir versehn
Ein Verb aus unsrem «*être*-Haus».
Es drückt **Bewegungsrichtung** aus
Und will nur mit dem *être* gehn.

L'auxiliaire *avoir*

Quand une femme **a donné** la clé de son cœur, il est rare qu'elle ne fasse pas changer la serrure.

Charles-Augustin Sainte-Beuve

Deux Suisses chassent dans les Alpes. Soudain, l'un d'eux aperçoit un deltaplane.
– Un aigle, dit-il et tire.
– Tu l'**as raté**, constate son copain.
– Peut-être, mais il **a lâché** sa proie.

Une femme reproche à son mari:
– C'est très bien de raconter à notre fils la façon dont nous nous sommes connus, quand j'étais en train de me noyer et que tu **as sauté** d'un pont pour me sauver. Mais pourquoi, à chaque fois, éprouves-tu le besoin de conclure:
«Dans ton intérêt, le premier prof de gym qui se met en tête de t'apprendre à nager, je le tue?»

Une vieille dame marche sur une peau de banane qu'un gamin **a jetée** sur le trottoir. En battant des bras, elle tente de reprendre son équilibre, mais elle finit par tomber. Un jeune agent s'approche pour l'aider à se relever:
– **Vous avez glissé**?
Ulcérée d'une question aussi stupide, la vieille dame répond:
– Pas du tout. Je me suis engagée pour les prochains championnats de planche à roulettes. Alors, dès que j'en ai l'occasion, je m'entraîne.

Les auxiliaires de temps
avoir et *être*
TEST

Setzen Sie die Verben ins Passé composé und entscheiden Sie dabei, ob Sie das Hilfsverb avoir oder être brauchen!

1. – En somme, demande un journaliste à un milliardaire, qu'est-ce que l'argent vous _____ de plus satisfaisant?
   – Eh bien, ma femme _____ de faire la cuisine.
   (**apporter – arrêter**)

2. – Ma chérie, dit un monsieur à sa femme, notre fils _____ un homme.
   – Mon Dieu! Et qu'est-ce qui te fait penser cela?
   – Je viens d'avoir une conversation sérieuse avec lui et, pour la première fois, il _____ de la pièce sans claquer la porte.
   (**devenir – sortir**)

3. Moi, dit un Marseillais, j(e) _____ un jour, dans un lac, un poisson qui était si gros qu'il _____ deux hommes pour le porter.
   – Et moi, dit l'autre, j'en _____ un dans la Méditerranée; quand je l(e) _____ de l'eau, la mer _____ de deux mètres.
   (**prendre – falloir – pêcher – sortir – baisser**)

4. Voilà ce que raconte un auteur dramatique célèbre:
   – Il _____ un drame horrible, hier soir, au théâtre, où on joue ma pièce. La caissière _____ en emportant la recette pour s'acheter un paquet de cigarettes.
   (**se passer – partir**)

Les auxiliaires de temps
avoir et *être*
Vocabulaire

être (in)capable de	(un)fähig sein
prédire	vorhersagen
l'avenir (m.)	die Zukunft
jeter	werfen
fréquenter	hier: Umgang haben
quelque part	irgendwo
désespéré,e	verzweifelt
confier	anvertrauen
un noceur	ein lustiger Bursche, Lebemann
les dettes (f.)	die Schulden
tant que	solange bis
le chien, la chienne	der Hund, die Hündin
s'indigner	sich entrüsten
le couple	das Paar
soupirer	seufzen
balancer	hier: überschütten
le seau,x	der Eimer
une jambe dans le plâtre	ein Bein in Gips
partager	teilen
un accident de voiture	ein Autounfall
un arbre	ein Baum
éviter	ausweichen; vermeiden
le lit	das Bett
angoissé,e	verängstigt
la boîte	die Dose
les petits pois	die Erbsen
une épicerie	ein Lebensmittelgeschäft
le massif de roses	das Rosenbeet
la tulipe	die Tulpe
brave	rechtschaffen
guérir	gesund werden, heilen

le traitement	die Behandlung
texan	texanisch
branler la tête	den Kopf schütteln
le truc	das Ding
la goutte	der Tropfen
le pétrole	das Erdöl
un chaud partisan	ein glühender Befürworter
le divorce	die Scheidung
embêter	belästigen
se suicider	Selbstmord begehen
une voiture en stationnement	ein parkendes Auto
merveilleusement	wunderbar
se rencontrer	sich treffen
la pancarte	das Schild
accrocher	aufhängen
une usine	eine Fabrik
en raison de	wegen
le décès	das Ableben, der Tod
le cuisinier	der Koch
la viande	das Fleisch
froid,e	kalt
la clé	der Schlüssel
le cœur	das Herz
la serrure	das Schloß
le Suisse	der Schweizer
chasser	jagen
soudain	plötzlich
le deltaplane	der Drachenflieger
tirer	schießen
rater	verfehlen
constater	feststellen
le copain	der Kumpel, Freund
lâcher sa proie	seine Beute loslassen
reprocher	vorwerfen
se noyer	ertrinken
sauter	springen
sauver	retten
éprouver le besoin	das Bedürfnis verspüren
conclure	folgern, abschließend bemerken
se mettre en tête	sich in den Kopf setzen

la peau de banane	die Bananenschale
battre des bras	mit den Armen herumfuchteln
tenter	versuchen
l'équilibre (m.)	das Gleichgewicht
aider	helfen
glisser	ausrutschen
ulcéré,e	gekränkt
stupide	dumm, töricht
le championnat	die Meisterschaft
la planche à roulettes	Skateboard
une occasion	eine Gelegenheit
s'entraîner	üben, trainieren
en somme	mit einem Wort, kurz
satisfaisant,e	befriedigend
sérieux, -euse	ernst(haft)
claquer la porte	die Tür zuschlagen
le lac	der See
le poisson	der Fisch
pêcher	angeln, fischen
la Méditerranée	das Mittelmeer
baisser	sinken
célèbre	berühmt
un drame horrible	ein schreckliches Drama
la pièce	das Theaterstück
la recette	die Einnahme

Les Français et leurs voisins

Le Français *chante faux* et *pense juste*.
L'Allemand chante juste et pense faux.
L'Italien ne pense pas, mais il chante.

Henri de Régnier

Les Anglais *conduisent* à gauche.
Les Allemands conduisent à droite,
Les Français conduisent au milieu.
Les Belges conduisent . . . mal.

Les touristes anglais sont de parfaits égoïstes: ils laissent toujours
leurs jolies femmes chez eux quand ils viennent à Paris.

Abel Hermant

La *sagesse* des Belges:
Brouillard en novembre, *Noël* en décembre.

– Et pour *attirer* un lapin, explique un *chasseur* belge à son fils, tu te
caches derrière un arbre et tu imites le *cri* de la carotte.

---

chanter faux: falsch singen; **penser juste:** richtig denken; **conduire:** Auto fahren;
la sagesse: Weisheit; **le brouillard:** Nebel; **Noël:** Weihnachten; **attirer:** anlocken;
le chasseur: Jäger; **le cri:** der Ruf, Schrei

Das Perfekt

Le passé composé

DES PROFESSIONNELS ONT CONSTRUIT LE TITANIC.
DES AMATEURS ONT CONSTRUIT L'ARCHE DE NOÉ.

Das Perfekt

Form

An das **Hilfsverb** hänge man
Das **Partizip** des **Perfekts** an.

Form	*avoir*	*être*
Infinitiv **Perfekt**	*avoir donné* *j'ai donné*	*être allé,e* *elle est allée*

Gebrauch

1. Die Zeit für das Abgeschlossene

Dieses *Passé* ist die Zeit
Für Taten der Vergangenheit.
Entscheidend ist allein:
Sie müssen **abgeschlossen** sein.

2. Das «Cäsaren»-*Passé*: Er kam, sah, siegte.

Das *Passé composé* muß stehen,
Wenn wir Ereignisse, Geschehen,
Als **Handlungsketten** sehen
Und man die Fragen stellen kann:
«Was trat neu ein?» «Was geschah dann?»

Le passé composé

– Alors, hurle l'agent de police, **vous** n'**avez** pas **vu** le feu rouge?
– Oh, vous savez, répond la dame élégante dans sa voiture, quand on en **a vu** un, on les **a vus** tous.

Quand ma petite fille **a vu** une vache pour la première fois, **elle s'est écriée**:
– Regarde, maman, cette bête **a avalé** un gant.

Père: Moi, **je** n'**ai** jamais **menti** quand j'avais ton âge.
Fils: Quand est-ce que **tu as commencé**?

Dans un cocktail, un homme dit tendrement à sa femme:
– C'est fou comme trois verres de champagne peuvent te transformer à ton avantage.
– Mais, **je** n'**ai** pas **bu**, s'étonne l'épouse.
– Moi, si, dit le mari.

Les murs ont la parole:
Des professionnels **ont construit** le Titanic.
Des amateurs **ont construit** l'Arche de Noé.

Pendant des années, raconte un homme, **j'ai passé** mes soirées, debout devant un bar, à boire du whisky. Et puis, **je me suis décidé** à consulter un psychanaliste. Je peux dire qu'**il a transformé** ma vie.
– **Il** vous **a fait** passer le goût du whisky?
– Non, mais **il** m'**a donné** l'excellente idée de boire allongé sur un divan.

Le passé composé

Le participe passé

Für die Bildung des Partizips der Vergangenheit (le participe passé) gelten folgende Regeln:

---

1. Verben auf -er im Infinitiv: -er wird ersetzt durch -é

porter: porté   payer: payé   appeler: appelé

---

2. Verben auf -ir im Infinitiv: -ir wird ersetzt durch -i

finir: fini   dormir: dormi   partir: parti

Ausnahmen:

	courir: couru	mourir: mort
acquérir: acquis	venir: venu	ouvrir: ouvert
conquérir: conquis	tenir: tenu	offrir: offert

---

3. Verben auf -re im Infinitiv: -re wird ersetzt durch -u

attendre: attendu   battre: battu   répandre: répandu

Ausnahmen:

Verben auf -uire: -uit	conduire: conduit
Verben auf -aindre: -aint	craindre: craint
Verben auf -eindre: -eint	peindre: peint

boire: bu	rendre: rendu	mettre: mis
croire: cru	résoudre: résolu	prendre: pris
conclure: conclu	taire: tu	rire: ri
connaître: connu	vaincre: vaincu	suffire: suffi
coudre: cousu	vivre: vécu	suivre: suivi
lire: lu	dire: dit	faire: fait
plaire: plu	écrire: écrit	naître: né

---

4. Verben auf -oir im Infinitiv: keine allgemeine Regel

recevoir: reçu	falloir: fallu	pouvoir: pu
apercevoir: aperçu	savoir: su	valoir: valu
décevoir: déçu	vouloir: voulu	s'asseoir: assis
devoir: dû, dus, due, dues		

---

5. avoir: eu   **être:** été

Le passé composé
TEST

Setzen Sie die Verben ins Passé composé! (Siehe dazu auch Kapitel «Die temporalen Hilfsverben avoir und être», Seite 12 ff)

1. A Paris, un dialogue entre deux étudiants. Le premier demande à l'autre ce qu'il _____ (faire) dans la journée.
    – J(e) _____ (lire) un roman de Robbe-Grillet, j(e) _____ (voir) un film de Godard, j(e) _____ (aller) à une exposition de pop'art, j(e) _____ (écouter) un concert de musique concrète, j(e) _____ (assister) à un débat sur le structuralisme.
    – Et alors? demande le premier.
    – Alors, répond l'autre, j(e) _____ (décider) de fonder une association en faveur de l'analphabétisme!

2. C'est un Anglais qui fait l'amour avec sa femme. Tout à coup, il allume la lampe et lui demande:
    – Je vous _____ (faire) mal?
    – Non, dit-elle.
    – Tiens, c'est curieux. Alors pourquoi est-ce que vous _____ (bouger)?

3. Les premiers huit jours de notre union, explique un jeune marié à sa mère _____ (bien se passer).
    Les choses _____ (commencer) à se gâter, quand j(e) _____ (vouloir) sortir du lit.

4. Dans un journal sportif, cette laconique information:
    «A la suite de sa dernière performance à Berlin, le champion d'Allemagne de l'Est de saut à la perche _____ (devenir) champion de l'Allemagne de l'Ouest.»

Le passé composé
Vocabulaire

hurler	brüllen
un agent de police	ein Polizist
le feu rouge	die Ampel
la vache	die Kuh
la bête	das Tier
avaler	verschlingen, verschlucken
le gant	der Handschuh
mentir	lügen
tendrement	zärtlich
fou, fol, folle	verrückt
s'étonner	sich wundern
un(e) époux, -ouse	ein(e) Gatte / Gattin
debout	stehend
se décider à	sich entschließen
consulter	um Rat fragen
le psychanaliste	der Psychiater
le goût	die Vorliebe, Lust
allongé sur le divan	auf der Couch liegend
décider de	einen Entschluß fassen
fonder	gründen, ins Leben rufen
une association	ein Verein
en faveur de	zugunsten
allumer la lampe	das Licht einschalten
curieux, -euse	seltsam
bouger	sich bewegen
une union	eine Ehe
se gâter	sich verschlimmern
à la suite	nach
la performance	die Leistung, der Rekord
le champion	der Meister
le saut à la perche	der Stabhochsprung

Das Imperfekt

L'imparfait

SI TOUT LE MONDE **SAVAIT** CE QUE TOUT LE MONDE DIT DE TOUT LE MONDE, PERSONNE NE PARLERAIT A PERSONNE.

Das Imperfekt

Gebrauch

1. Die Vergangenheit für das Unvollendete

Wenn zu ganz bestimmter Zeit,
Einem Datum der Vergangenheit,
Zustände, Vorgänge oder Taten
Bestanden oder angefangen hatten,
Und waren sie **noch nicht beendet,**
Wird nur das **Imparfait** verwendet.

Die Testfrage

Man kann in allen Zweifelsfällen
Die Testfrage **«Was war schon?»** stellen.

2. Die Vergangenheit für Nebensachen

Wenn in Erzählung und Bericht
Man von **Begleitumständen** spricht,
Wir auf **Beweg-** und **Hintergründe** sehen,
Dann darf das **Imparfait** nur stehen.

3. Die Vergangenheit für Routinefälle

Für **Wiederholungen**, die **man nicht zählt,**
Wird **stets nur Imparfait** gewählt.

L'imparfait

C'est à un élève d'une rare mauvaise volonté que le professeur donne comme sujet de rédaction:
– Racontez un match de football.
L'élève expédie l'affaire en deux lignes:
– Je suis arrivé au stade. Il **pleuvait**. La rencontre a été annulée.

Une dame accueille joyeusement son mari qui rentre, affamé, du bureau:
– Chéri, j'ai suivi une émission culinaire passionnante à la télévision. Maintenant, je sais faire un coq au champagne.
– Hum. Tu me mets l'eau à la bouche.
– Oui, mais pendant que je **regardais** cette émission, j'ai laissé brûler le rôti de porc. Alors, on mange des nouilles.

Deux amis se rencontrent. L'un d'eux est désespéré. Son ami, inquiet, lui demande ce qui lui arrive.
– Eh bien, voilà: J'**aimais** une jeune fille et je lui **écrivais** tous les jours.
– Et alors?
– Elle est tombée amoureuse du facteur.

Autrefois, quand une jeune fille **était** gênée, elle **rougissait**. Aujourd'hui, quand une jeune fille rougit, elle est gênée.

Mme Simon

Si tout le monde **savait** ce que tout le monde dit de tout le monde, personne ne parlerait à personne.

Das Imperfekt

Formen

1. Man nehme die 1. Person Mehrzahl der Gegenwart.
2. Man streiche die Endung *-ons* und erhält den Imperfektstamm.
3. Man hänge die Imperfektendungen an diesen Stamm:
   -ais, -ais, -ait, -ions, -iez, -aient

**Wiederholen Sie nun bitte
Noch einmal die drei Schritte:**

	donner	prendre	boire
1.	**nous** donn-**ons**	pren-**ons**	**buv-ons**
2.	donn-	pren-	buv-
3.	je donn**ais**	je pren**ais**	je buv**ais**
	tu donn**ais**	tu pren**ais**	tu buv**ais**
	il donn**ait**	il pren**ait**	il buv**ait**
	nous donn**ions**	nous pren**ions**	nous buv**ions**
	vous donn**iez**	vous pren**iez**	vous buv**iez**
	ils donn**aient**	ils pren**aient**	ils buv**aient**

**Probieren geht über Studieren:
Drum setze man in folgender Tabelle
Das Imparfait an vorgesehne Stelle.**

(Lösung Seite 221)

Infinitif	Présent	Imparfait
avoir, haben	*nous avons*	2. *nous* ....
faire, machen	*nous faisons*	3. *nous* ....
vivre, leben	*1. nous*	4. *je* ....

L'imparfait

Deux vieilles dames parlent de leurs souvenirs pendant la guerre:
– Ma chère, si **vous saviez** comme **c'était** terrible! **Nous** n'**avions**
presque rien à manger. Avec toutes les restrictions j'avais tellement
maigri que **j'étais** obligée d'emprunter les bretelles de mon mari pour
tenir ma gaine.

Réclamation à une blanchisserie:
Vendeuse: Madame, mais je ne comprends pas. Ce mouchoir me pa-
          raît impeccable.
Cliente: Mouchoir! **C'était** un drap!

Mon premier souvenir d'enfance remonte à l'époque où **j'étais** encore
dans mon landau. **Il tombait** de la neige. **J'allais** demander ce que
c'était, quand je me suis aperçu que **je** ne **savais** pas encore parler.

Un vieux Sioux **regardait** sa fille et ses amis qui **dansaient** et **il était**
fasciné par la musique pop et les danses effrénées. Puis **il se grattait** la
tête et a dit à sa femme:
– Tu sais, si ça n'ammène pas la pluie, rien ne l'ammènera.

Deux fleurs se font une déclaration d'amour:
– Oh, je t'aime! dit la première. Si **tu savais** comme je t'aime ...
Et l'autre répond en tremblant:
– Et moi, je meurs d'envie de toi. Si **nous appelions** une abeille ...?

L'amour, **c'était** agréable pour l'homme tant que les femmes ne
savaient pas que **c'était** agréable.

Wolinski

L'imparfait
TEST

Setzen Sie die Verben in der Klammer ins Imperfekt!

1. Un petit garçon rentre en courant du jardin où il _____ (être) en train de jouer avec son lance-pierre.
   – Maman, annonce-t-il, toi qui te _____ (demander) quand tu _____ (aller) faire connaissance avec nos nouveaux voisins, je peux te dire que c'est pour dans deux minutes.

2. – Avez-vous passé de bonnes vacances? questionne l'instituteur. Un élève répond:
   – C' _____ (être) formidable . . . midable . . . midable.
   – Et où _____ (être)-vous?
   – Nous _____ (être) dans la région de Padirac . . . dirac . . . dirac.
   – Eh bien, fait le maître d'école, il _____ (devoir) y avoir un drôle d'écho, là-bas?
   – Oui, avoue le gamin étonné: Comment le savez-vous? Vez-vous? Vez-vous?

3. – Nicolas, demande la maman, as-tu donné de l'eau aux poissons rouges?
   – Non, ce n' _____ (être) pas la peine! Ils n' _____ (avoir) pas fini de boire celle de la semaine dernière.

4. Un monsieur raconte à un ami:
   – Moi, j'ai eu ma première dispute avec ma femme quinze jours avant d'être marié. Quand elle s'est aperçue qu'elle _____ (attendre) un bébé, on a fait des projets d'avenir, et ça ne _____ (concorder) pas très bien: elle _____ (vouloir) un grand mariage à l'église – et moi, je _____ (préférer) rester célibataire.

L'imparfait
Vocabulaire

un élève de mauvaise volonté	ein fauler Schüler
le sujet de rédaction	das Aufsatzthema
expédier une affaire	eine Sache erledigen
la rencontre	die Begegnung
accueillir	empfangen
joyeusement	fröhlich
affamé,e	ausgehungert
suivre une émission culinaire	eine Sendung über das Kochen verfolgen
le coq	das Hähnchen
mettre l'eau à la bouche de qn	jemandem das Wasser im Munde zusammenlaufen lassen
laisser brûler	anbrennen lassen
le rôti de porc	Schweinebraten
une nouille	eine Nudel
être désespéré,e	verzweifelt sein
inquiet, -ète	unruhig, besorgt
tomber amoureux de qn	sich in jemanden verlieben
le facteur	der Briefträger
rougir	erröten
être gêné,e	verlegen sein
boire, je buvais	trinken, ich trank
la restriction	Einschränkungen, Knappheit
emprunter qc à qn	sich etwas von jemandem leihen
les bretelles (f.)	die Hosenträger
la gaine	Hüfthalter
la blanchisserie	die Wäscherei, die Reinigung
le mouchoir	das Taschentuch
le drap	das Bettlaken
le souvenir d'enfance	die Kindheitserinnerungen
remonter à	zurückgehen bis
le landau	der Kinderwagen
il tombe de la neige	es schneit

une danse effrénée	ein wilder Tanz
se gratter la tête	sich am Kopf kratzen
ammener la pluie	Regen bringen
une déclaration d'amour	eine Liebeserklärung
trembler	zittern
une abeille	eine Biene
le lance-pierre	die Steinschleuder
faire connaissance avec	kennenlernen
le voisin	der Nachbar
un instituteur	ein Lehrer
formidable	toll
Padirac	die Grotte von Padirac ist berühmt für ihr Echo
le gamin	das Kind (Umgangssprache)
le poisson rouge	der Goldfisch
la dispute	der Streit
s'apercevoir que	merken; feststellen, daß
les projets d'avenir	Zukunftspläne
concorder	übereinstimmen, zusammenpassen
rester célibataire	Junggeselle bleiben

Imperfekt und Perfekt

Imparfait et
passé composé

MA BELLE-MÈRE A EU UN ACCIDENT TERRIBLE, L'AUTRE JOUR. ELLE AVAIT LA PRIORITÉ, MAIS L'AUTRE AVAIT UN TRACTEUR.

Imperfekt und Perfekt

Es gewinnt durch ihr **Zusammenspiel**
Ein Text erst deutliches **Profil**.

Während **Imperfekt** den **Hintergrund** beschreibt,
Steht im **Perfekt**, was man im Rampenlichte treibt.
Wir nehmen das **Imperfekt** für **Nebensachen** – und
Ein **Perfekt** für **das Wichtige** im **Vordergrund**.

Begleitumstände, Hintergrund	Handlungsablauf Vordergrund
*Deux jeunes filles **discutaient** de leurs amours: – Il m'**emmenait** chez lui, et **commençait** à me dés-habiller.*	
	*Mais tout à coup, il m'a **demandé** mon âge, et imagine-toi, quand je lui **ai dit** que j'avais 13 ans il m'**a mise** à la porte.*
*– Pauvre type, encore un qui est super-stitieux, **a répondu** l'autre fille.*	

Im Deutschen würde statt des Zusammenspiels von Imparfait und Passé composé nur eine Vergangenheitsform stehen. Entweder **«un- terhielten, nahm mit, begann, fragte, sagte»** (vorwiegend in der Schriftsprache) oder **«haben sich unterhalten, hat mich mitgenom- men ... hat gefragt» etc** (in der Umgangssprache).

Imparfait et passé composé

Anne: Mais peux-tu m'expliquer pourquoi **tu t'es sauvé** à toutes jambes de l'hôpital une minute avant ton opération?

Didier: L'infirmière **disait** tout le temps: «Bon courage! Ce n'est qu'une simple opération de routine.»

Anne: Mais toutes les infirmières vous parlent comme ça avant l'opération. C'est pour calmer le patient.

Didier: Tu ne comprends pas. Elle **a parlé** au chirurgien.

Deux dames bavardent, en buvant une tasse de thé.
– Au fait, chère amie, comment **avez-vous connu** votre second époux?
– De la façon la plus romantique qui soit: Il **conduisait** la voiture qui **a écrasé** mon premier mari.

Ma belle-mère **a eu** un accident terrible, l'autre jour. Elle **avait** la priorité, mais l'autre **avait** un tracteur.

Un célibataire explique pourquoi il **a** toujours **renoncé** au mariage:
– A chaque fois que j'**ai fait** la connaissance d'une femme qui **cuisinait** comme maman, elle **ressemblait** à papa.

Robert: Mon père **a été** très déçu quand je **suis né**.
Didier: Mais pourquoi? Est-ce qu'il **voulait** une fille?
Robert: Non, il **voulait** un divorce.

Imparfait et passé composé
TEST

Setzen Sie die Verben in die richtige Zeit (Imparfait oder Passé composé)!

1. Un enfant d'une dizaine d'années interroge sa mère:
   – Quand vous _____ (partir) en voyage de noces, papa et toi, est-ce que j' _____ (être) avec vous?
   – Mon chéri, répond la mère, qui se refuse à tout mensonge à l'égard de son enfant, tu _____ (être) avec papa quand on _____ (partir) et avec moi quand on _____ (revenir).

2. A bord de son auto, un Suisse _____ (écouter) Radio Lausanne. Tout à coup, la musique _____ (interrompre) et un speaker _____ (annoncer):
   – Attention! Un fou _____ (prendre) l'autoroute de Genève à contre-sens...
   – Ils font erreur _____ (s'écrier) le Suisse en essayant d'éviter les voitures qui _____ (venir) à sa rencontre. Il n'y pas un seul fou, il y en a des centaines.

3. Un monsieur se met à table et dit:
   – Oh! Qu'il a l'air bon, ce poulet! Qu'est-ce que tu _____ (mettre) dedans, ma chérie?
   Et sa femme lui répond:
   – Rien. Il _____ (être) déjà plein.

4. Mme Dupont _____ (observer) son fils rentrant de l'école et elle lui dit:
   – Je suis contente. J(e) _____ (voir) que tu t(e) _____ (entendre) bien avec le fils du voisin.
   – Ben, fait le garçon évasivement.
   – Je t(e) _____ (regarder) alors que tu lui _____ (rendre) des billes.
   – Ce _____ (ne pas être) des billes, c' _____ (être) ses dents.

Imparfait et passé composé
Vocabulaire

emmener	mitnehmen
déshabiller	entkleiden, ausziehen
mettre qn à la porte	jemanden vor die Tür setzen
le pauvre type	der arme Kerl
superstitieux, -euse	abergläubisch
se sauver	abhauen
à toutes jambes	in aller Eile
une infirmière	eine Krankenschwester
calmer	beruhigen
bavarder	sich unterhalten, schwatzen
un époux, une épouse	ein Gatte, eine Gattin
de la façon la plus romantique qui soit	auf die allerromantischste Art und Weise
écraser	überfahren
un accident	ein Unfall
l'autre jour	neulich
la priorité	die Vorfahrt
le célibataire	der Junggeselle
renoncer à	verzichten auf
cuisiner	kochen
ressembler à	ähneln
être déçu, e	enttäuscht sein
le divorce	die Scheidung
le voyage de noces	die Hochzeitsreise
se refuser à	sich versagen
le mensonge	die Lüge
à l'égard de	hinsichtlich
à contre-sens	in der falschen Richtung
venir à la rencontre de qn	jemandem entgegenkommen
il a l'air bon	er sieht aus, als ob er gut schmeckt
le poulet	das Hähnchen
mettre qc dedans	etwas hineintun
plein, e	voll, gefüllt

observer	beobachten
être content de	sich freuen
s'entendre avec qn	sich mit jemandem verstehen
le fils	der Sohn
le voisin	der Nachbar
évasivement	ausweichend
alors que	als, während
rendre	zurückgeben
la bille	die Murmel, die Kugel
la dent	der Zahn

Un homme a un accident de voiture. Quand il sort du coma il demande:
– Est-ce que je suis au paradis?
– Non, chéri, lui dit sa femme qui est à côté de son lit.
Rassure-toi! Je suis toujours là.

Das historische Perfekt

Le passé simple

Das historische Perfekt

Formen[1]

Es genügen im Grunde schon
Formen für die dritte Person.
Selbst von diesen macht man auch
Höchstens schriftlichen Gebrauch.

*donn-***er**	*il donn-**a***	er gab
geben	*elles donn-***èrent**	sie gaben

Die Endungen *-a, -èrent* gelten für alle Verben auf *-er.*

*fin-***ir**	*elle fin-***it**	sie beendete
beenden	*ils fin-***irent**	sie beendeten

*recev***oir**	*elle reç-***ut**	sie erhielt
erhalten	*elles reç-***urent**	sie erhielten

Die *Passé simple-Formen* müssen
Wir gottlob nicht auswendig wissen.
Nur eines sollte man schon können:
Sie als Vergangenheit erkennen.

---

1 Die wichtigsten Formen finden Sie auf Seite 50

Le passé simple

Voilà une histoire vraie:
En 1976, au cours d'un vol aux États-Unis, un passager **quitta** son siège, **sortit** son revolver et **prit** une hôtesse en otage.
– Emmenez-moi à Detroit, **dit-il**.
– Mais nous allons à Detroit, lui **répondit** l'hôtesse.
– Ah . . . bien, **dit-il**, et **il se rassit** paisiblement.

Pierre et Paul apprenaient à Philippe à monter à bicyclette. Ils le **mirent** sur la selle, puis le **laissèrent** descendre la côte.
Philippe ne **revint** plus. Pierre et Paul **se mirent** à sa recherche. Finalement, **ils rencontrèrent** une vieille femme à laquelle **ils demandèrent** si elle n'avait pas vu un garçon sur un vélo.
– Non, **dit** la vieille, mais j'ai vu tout en bas de la côte un garçon assis dans un fossé, en train de réparer un parapluie.

Un paysan se promenait un dimanche dans les rues de Lyon avec ses deux enfants. Ceux-ci **voulurent** prendre l'autobus. Arrivés à un arrêt, **ils attendirent** tous les trois. Avant de monter, le père **demanda** au conducteur combien cela coûtait.
– Quel âge ont vos enfants? **fit** celui-ci.
– Trois et quatre ans.
– Les enfants au-dessous de cinq ans ne paient rien. Et pour vous, c'est cinq francs.
– Eh bien, prenez mes enfants, **dit** le paysan, et déposez-les au terminus. J'irai à pied, moi.

Das historische Perfekt

Gebrauch

1. Die Testfragen für das *Passé simple*

Das *Passé simple* ist die Zeit
Der **vollendeten Vergangenheit**,
Muß stehen, wenn man fragen kann:
«**Was trat neu ein?**» und «**Was war dann?**»

2. Wo kommt das *Passé simple* vor? [1]

Man trifft vor allem im **Roman**
Das *Passé simple* häufig an.
          Aber:
Auch im Roman, wenn jemand spricht,
Verwendet er dies Passé nicht.
Passé composé wird vorgezogen
Dort, wo man spricht, in Dialogen.

*Claude Bernard, le célèbre médecin, reprochait souvent à ses étudiants de manquer de sens d'observation. Un jour, il **prit** un flacon rempli d'une substance chimique et leur **dit**:*
– Pour reconnaître un corps, il ne faut pas hésiter dans certains cas, à le goûter.
*Il **plongea** donc un doigt dans le flacon, **goûta** et **passa** le flacon à ses étudiants. Chacun **répéta** son geste et **fit** aussitôt la grimace.*
*– Une fois de plus, l'essentiel vous **a échappé**. C'est le deuxième doigt que j'**ai plongé** dans le flacon, mais le troisième que j'**ai porté** à ma bouche.*

---

1 Das *Passé simple* hat in der Schriftsprache die gleiche Funktion wie das *Passé composé* in der gesprochenen Sprache. Siehe deshalb auch das Kapitel *Imparfait – Passé composé*

Le passé simple

Une nuit, un malfaiteur **s'introduisit** dans la chambre de Balzac qui ne **prenait** pas toujours la peine de fermer sa porte. Cette nuit-là, Balzac **était** déjà au lit et **semblait** dormir profondément. Aussi le voleur **se mit-il** à ouvrir sans bruit le secrétaire. Mais tout à coup, **il fut** interrompu par un formidable éclat de rire partant du lit. **Il se retourna** et **aperçut** à la clarté de la lune le romancier qui **riait** de tout son cœur. Fort étonné, le voleur ne **put** s'empêcher de lui dire:
– Qu'est-ce qui vous fait rire comme ça?
– Je ris, lui **répondit** Balzac, parce que vous venez la nuit, sans lumière, chercher de l'argent où moi, **je** n'en **ai** jamais **pu** découvrir en plein soleil.

Un camion municipal **stoppa** devant un chantier. Les deux ouvriers avaient fini de charger un grand nombre de tuyaux de plomb et **voulaient** repartir quand un inspecteur de police les **arrêta**.
– Comment saviez-vous que c'étaient des voleurs? **demanda** le juge.
– **Je** les **ai observés**, **répondit** l'inspecteur. Pour des ouvriers municipaux, ils travaillaient trop vite.

Un journaliste **demanda** à Toscanini s'il parlait beaucoup de langues.
– Quatre, **répondit** le maestro. Quand je parle à une jolie femme, je parle français. En discutant de mes honoraires, j'emploie l'anglais. Quand je veux faire peur à quelqu'un, je parle allemand. Et finalement, quand **je me suis coupé** en me rasant, je me sers de ma langue maternelle.

Das historische Perfekt

Alle Verben, deren Infinitiv auf -er endet, bilden ein regelmäßiges Passé simple:
monter: il monta – ils montèrent; aller: il alla – ils allèrent
In der folgenden Übersicht finden Sie die Passé simple-Formen der wichtigsten unregelmäßigen Verben.

1. Passé simple-Endungen -i, -irent

finir	*il finit*	*dire*	*il dit*
partir	*il partit*	*rire*	*il rit*
rendre	*il rendit*	*ouvrir*	*il ouvrit*
s'asseoir	*il s'assit*	*offrir*	*il offrit*
voir	*il vit*	*craindre*	*il craignit*
conduire	*il conduisit*	*répondre*	*il répondit*
écrire	*il écrivit*	*attendre*	*il attendit*
mettre	*il mit*	*introduire*	*il introduisit*
prendre	*il prit*	**Sonderformen:**	
faire	*il fit*	*venir*	*il vint*
naître	*il naquit*	*tenir*	*il tint*

2. Passé simple-Endungen -u, -urent

devoir	*il dut*	*vivre*	*il vécut*
falloir	*il fallut*	*boire*	*il but*
pleuvoir	*il plut*	*connaître*	*il connut*
pouvoir	*il put*	*croire*	*il crut*
savoir	*il sut*	*lire*	*il lut*
valoir	*il valut*	*courir*	*il courut*
paraître	*il parut*	*mourir*	*il mourut*
plaire	*il plut*	*apercevoir*	*il aperçut*
résoudre	*il résolut*	*recevoir*	*il reçut*
se taire	*il se tut*	*avoir*	*il eut*
conclure	*il conclut*	*être*	*il fut*

Le passé simple
TEST

Setzen Sie die richtige Verbform ein! Zum Gebrauch von Imparfait und Passé simple siehe Seite 39f.

1. Un jour, il _____ à torrents à Londres. Un riche marchand qui _____ de la Bourse, _____ un fiacre, y _____ et se _____ conduire dans un quartier très éloigné. En route, le marchand _____ qu'il n' _____ pas son porte-monnaie. Comment faire? Arrivé devant la maison où il _____ descendre, il _____ au cocher:
   – Passez-moi une allumette, s'il vous plaît. J'ai laissé tomber une pièce d'or dans la voiture.
   Aussitôt le cocher _____ un vigoureux coup de fouet à son cheval et _____ au bout de la rue.
   (**pleuvoir – sortir – apercevoir – monter – faire – remarquer – avoir – vouloir – dire – donner – disparaître**)

2. Un noctambule qui avait un peu trop bu, _____ après quelques pas hésitants, contre un bec de gaz.
   – Pardon! _____ -il très poliment.
   Il _____ et _____ un second lampadaire. Mêmes excuses. Puis un troisième, un quatrième. Alors l'homme _____ sur le trottoir. Un passant, étonné, lui _____ pourquoi.
   – S'excuser tout le temps, ah non! _____ l'ivrogne. Je préfère laisser passer le cortège.
   (**buter – dire – continuer – heurter – s'asseoir – demander – faire**)

Le passé simple
Vocabulaire

au cours d'un vol	während eines Fluges
le siège	der Sitz
une hôtesse	eine Stewardess
prendre en otage	als Geisel nehmen
paisiblement	friedlich
la selle	der Sattel
la côte	die Anhöhe, die Steigung
se mettre à la recherche	sich auf die Suche machen
le fossé	der Graben
le parapluie	der Regenschirm
le conducteur	der Fahrer
au-dessous	unter
déposer	absetzen
le terminus	die Endstation
aller à pied	zu Fuß gehen
célèbre	berühmt
reprocher à	vorwerfen
un étudiant	ein Student
manquer de	fehlen, nicht verfügen über
le sens d'observation	die Beobachtungsgabe
le flacon	das Fläschchen
le corps	der Körper, das Element
hésiter	zögern
goûter	schmecken, kosten
plonger	(ein)tauchen
le doigt	der Finger
aussitôt	sofort, sobald
l'essentiel	das Wichtige, Wesentliche
échapper	entgehen
le malfaiteur	der Übeltäter, Einbrecher
prendre la peine de	sich die Mühe machen
profondément	tief
le bruit	der Lärm
interrompre	unterbrechen

un éclat de rire	ein schallendes Gelächter
la lune	der Mond
fort étonné,e	sehr erstaunt
le voleur	der Dieb
le camion	der Lastwagen
municipal, -aux	städtisch
le chantier	die Baustelle
charger	(be)laden
le tuyau, -aux de plomb	das Bleirohr
le juge	der Richter
le maestro	der Meister
les honoraires (m.)	die Bezüge, Honorare
faire peur à qn	jemandem angst machen
se couper	sich schneiden
la langue maternelle	die Muttersprache
il pleut à torrents	es gießt in Strömen
la bourse	die Börse
éloigné,e	entfernt
le cocher	der Kutscher
une allumette	ein Streichholz
la pièce d'or	das Goldstück
vigoureux, -euse	kräftig
le coup de fouet	der Peitschenhieb
au bout de	am Ende von
le noctambule	der Nachtschwärmer
buter	(an)stoßen
le bec de gaz	die Gaslaterne
heurter	(an)stoßen
le lampadaire	die Straßenlaterne
un ivrogne	ein Betrunkener
le cortège	der Zug, Umzug

Les Français se moquent des Anglais

Trois dames de la haute société anglaise sont en train de prendre le thé dans le jardin d'un club au Kénia, quand tout à coup un gorille immense sort de la jungle, saisit une des ladies et *disparaît* avec elle. Les deux autres continuent à boire leur thé. Après quelques minutes, l'une dit à l'autre:

– Je ne sais pas si vous êtes de mon *avis*, mais je ne comprends pas ce qu'il lui *trouve*.

Un couple anglais est en train de manger sa soupe dans un des restaurants élégants de Paris. Tout à coup l'Anglais *découvre* une *mouche* dans son assiette:

– Garçon, c'est scandaleux, il y a **un** mouche dans ma soupe.
Le garçon se penche sur l'assiette:

– Excusez-moi, monsieur, mais c'est **une** mouche.

– **Une** mouche? fait l'Anglais, c'est extraordinaire! Moi, je ne saurais pas faire la différence.

Sammy Davis junior va jouer au golf dans un des clubs anglais de la très haute société. Son partenaire, un jeune lord, se présente et lui demande:

– Quel est votre handicap, mon vieux?

– Quoi? explose alors le célèbre artiste, je suis *Noir*, je suis juif, je *suis borgne* et vous *avez le culot* de me demander quel est mon handicap.

---

disparaître: verschwinden; **l'avis, m.:** Meinung; **trouver qc à qn:** etwas an jemandem finden; **découvrir:** entdecken; **la mouche:** Fliege; **le Noir:** Neger; **borgne:** einäugig sein; **avoir le culot de . . .:** die Frechheit haben zu

Die Vorvergangenheit

Le plus-que-parfait

IL ETAIT UNE FOIS UN JEUNE OFFICIER DE CAVALERIE QUI ETAIT TELLEMENT BÊTE, QUE SES CAMARADES S'EN **ÉTAIENT APERÇUS**.

Die Vorvergangenheit

Gebrauch:

Diese Zeitform wird verwendet,
War ein Ereignis schon beendet
Vor einer Handlung oder Zeit
In der **Vergangenheit**.

Zustand 1 / Handlung 1	vor	Zustand 2 / Handlung 2
Plus-que-parfait		*Imparfait / Passé composé*
Les gangsters étaient déjà partis		*quand la police est arrivée.*

Der Überfall war schon vorbei,
Als endlich kam die Polizei.
So stellt das ***Plus-que-parfait*** klar,
Was vorher und was nachher war.

Form:

mit *être* (siehe Seite 18 ff)	mit *avoir* (siehe Seite 20 ff)
1. **Die être-Verben**	**alle, die nicht mit être ver-**
nous étions partis	**bunden werden:**
2. **Die reflexiven Verben:**	*j'avais chanté*
elle s'était excusée	*il avait ouvert*
3. **Das Passiv**	*nous avions aidé*
ils avaient été trompés	*vous aviez eu tort*

Le plus-que-parfait

– Il m'est arrivé une chose terrible, raconte un monsieur. Ma belle-mère m'**avait emprunté** ma voiture pour une course urgente. Naturellement, elle n'**avait** pas **mis** sa ceinture.
Résultat: elle s'est tuée dans un accident qui a rendu ma voiture inutilisable.
– C'est affreux. Elle était vieille?
– Pensez-vous. Elle n'avait que 2000 kilomètres.

Il était une fois un jeune officier de cavalerie qui était tellement bête, mais tellement bête . . . que ses camarades s'en **étaient aperçus**.

Winston Churchill

– Bien sûr, que j'ai vu le «stop», avoue une automobiliste, furieuse, au policier qui lui dresse une contravention. Mais c'est vous que je n'**avais** pas **vu**.

Un employé s'excuse, tandis que sa directrice se traîne à quatre pattes pour ramasser ses vêtements.
– J'étais tellement dopé au whisky que j'ai eu le courage de vous violer, explique-t-il. Mais, à présent, que l'effet de l'alcool se dissipe, je n'ose plus vous demander ce que j'**étais venu** vous demander: une petite augmentation.

Un Sicilien voit, chez son cousin, une pierre et une rose, mises sous un globe. Il demande ce que c'est.
– La pierre, dit l'autre, un homme me l'**avait lancée** à la tête. Et la rose, je l'ai cueillie sur sa tombe.

Le plus-que-parfait
TEST

Setzen Sie die Verben ins Plus-que-parfait!

1. Je regrette de ne plus pouvoir épouser votre fille, cher monsieur. Vous m(e) _____ (cacher) qu'elle boitait.
   – C'est exact! Mais d'une jambe seulement!

2. Tu savais que Dupont _____ (se suicider)?
   – Pas du tout! Mon Dieu, que lui est-il passé par la tête?
   – Une balle.

3. Dieu n(e) _____ (faire) que l'eau, mais l'homme a fait le vin.

   Victor Hugo

4. – Voyons, mademoiselle, dit un commissaire de police, vous accusez cet homme de vous avoir violée tout debout.
   – En effet.
   – Comment serait-ce possible alors qu'il mesure au moins 1,90 mètre et vous tout juste 1,50 mètre?
   – C'est que, avoue la plaignante, j(e) _____ (monter) sur un tabouret.

5. Mon voisin est mort en jouant... Lui et moi, on _____ (parier) à celui qui se pencherait le plus par la fenêtre, et il a gagné.

6. En déménageant, une famille belge a découvert un squelette derrière l'armoire. La police a identifié le cadavre de l'oncle qui _____ (jouer) à cache-cache avec eux en 1980 et qui _____ (gagner).

Le plus-que-parfait
Vocabulaire

avoir tort	Unrecht haben
emprunter qc à qn	etwas von jemandem ausleihen
une course urgente	eine dringende Besorgung
mettre la ceinture	den Sicherheitsgurt anlegen
inutilisable	unbrauchbar
s'apercevoir de qc	etwas merken
dresser une contravention	jemandem einen Strafzettel verpassen
tandis que	während
traîner à quatre pattes	auf allen vieren herumkriechen
ramasser ses vêtements	seine Kleider auflesen
violer qn	jemanden vergewaltigen
se dissiper	verfliegen, nachlassen
une augmentation	Gehaltserhöhung
un Sicilien	ein Sizilianer
un globe	eine Glashaube
la pierre	der Stein
lancer	werfen
cueillir	pflücken
épouser	heiraten
cacher	verheimlichen
boiter	hinken
se suicider	Selbstmord begehen
passer par la tête	durch den Kopf gehen
une balle	eine (Revolver-)Kugel
debout	im Stehen
la plaignante	die Klägerin
parier	wetten
se pencher par la fenêtre	sich aus dem Fenster lehnen
déménager	ausziehen
jouer à cache-cache	Versteck spielen
la tombe	das Grab

Vive le tourisme international

Un cannibale part en vacances pour la première fois et prend l'avion pour Paris. Le steward lui demande s'il voudrait avoir la *carte*.
– Non, répond-il. Apportez-moi plutôt la liste des passagers.

Un touriste allemand qui rentre d'un safari en Afrique montre son album de photos à ses futurs *beaux-parents*.
– Regardez *celle-ci*, dit-il, je suis en tête-à-tête avec un gorille.
– C'est vous à gauche, avec les *lunettes*? demande *sèchement* la belle-mère.

Un touriste américain visite Paris. Devant la tour Eiffel il se *gratte la tête* et dit à sa femme:
– Ils écrivent: date de construction 1888. Ils pourraient préciser si c'est avant ou après Jésus-Christ, quand même.

Deux touristes allemands *se rencontrent* en l'île de Sicile.
– Bonjour Fritz, dit le premier. Vous avez passé de bonnes vacances jusqu'ici?
– Une vraie catastrophe! Le premier jour en Italie, on a eu un accident et je suis resté dans le coma pendant 14 jours.
– Ça alors! Vous n'avez pas eu de beau temps, même pas un jour?

---

la carte: Speisekarte; **les beaux-parents:** Schwiegereltern; **celle-ci:** dieses (Foto) hier; **les lunettes:** Brille; **sèchement:** trocken; **se gratter la tête:** sich am Kopf kratzen; **se rencontrer:** sich treffen; **le coma:** Koma, Bewußtlosigkeit; **le beau temps:** schönes Wetter

Das Futur

Le futur

QUE VOUS AIMIEZ OU NON LES FLEURS, ELLES **FINIRONT** PAR VOUS POUSSER DESSUS!

Das Futur

Form

Wir Deutsche haben nur
Zwei Formen fürs Futur.
Dem Franzosen stehn zur Wahl
Ganze dreie an der Zahl.

Futur I	*Paul **viendra** demain.*
Futur II	*Il **aura fini** son travail à 2 heures.*
Futur proche	*Je **vais** vous **montrer** mes photos.*

Futur I   **= Infinitiv + Futurendungen**
                            -ai; -as; -a; -ons; -ez; -ont

donner	*je donner-**ai***
dormir	*tu dormir-**as***
prendr(e)	*il prendr-**a***
boir(e)	*nous boir-**ons***
ouvrir	*vous ouvrir-**ez***

                        aber:

recevoir	*ils recevr-**ont***

Verben auf **-oir** schlägt man am besten nach.
Bei Verben auf **-yer** geht man von der **1. Pers. Sg.** aus.

Futur II   = Futurform von   ***avoir*** + **Partizip**
                   oder   ***être*** + **Partizip**
                             tu   *seras*   *parti,e*

Futur proche   = die Form von   ***aller*** + **Infinitiv**
                            je   *vais*   *partir*

Le futur

Un professeur écossais avait donné ce sujet de rédaction:
«Que **ferez-vous** plus tard?»
Un élève, très malin, répond:
— **J'ouvrirai** une belle boutique de tailleur. **J'aurai** des costumes très chic à des prix raisonnables. Et **je ferai** 20 % de réduction à mon excellent professeur.

— Papa, questionne un petit garçon, pourquoi un homme ne peut-il pas avoir plus d'une femme à la fois?
— Quand **tu seras** plus grand, mon fils, répond le père, **tu comprendras** mieux que la loi protège ceux qui sont incapables de se protéger eux-mêmes.

Une tireuse de cartes annonce à son client:
— Je vois dans vos cartes une grosse contrainte: Votre percepteur **va exiger** de vous un énorme rappel d'impôts.
Le client s'affole, mais elle le rassure aussitôt:
— N'ayez pas peur. **Vous** ne **paierez** pas cette somme qui vous **sera réclamée**. Huit jours avant la date limite, **vous mourrez**, écrasé par un autobus.

Petit dialogue entendu devant le zinc:
— J'ai une idée géniale: **je vais ouvrir** un bistrot au cœur du Sahara.
— Mais **tu** n'**auras** pratiquement pas de clients, là-bas.
— Peut-être. Mais le peu de clients que **j'aurai**, qu'est-ce qu'**ils auront** soif.

Das Futur

Gebrauch des Futur I

Der Franzose nimmt das Futur strikt,
Wenn er in die Zukunft blickt.
Der Deutsche nimmt meist Gegenwart,
Das ist so seine Eigenart.

Gebrauch des Futur II

Wenn wir in der Zukunft sehen,
Daß ein Zustand, ein Geschehen,
Ganz **abgeschlossen und beendet**,
Wird immer **Futur II** verwendet.

> – *Donne-moi 300 F, dit une femme à son mari. Je te
> les **rendrai** quand tu m'**auras remis** ton salaire.*

(Vergleiche die Zeiten im Deutschen: ... ich **gebe** sie zurück, wenn du
mir dein Gehalt **ausgehändigt hast**.)

Gebrauch des *futur proche*

Für **nahe Zukunft** – temporal,
Für **Absichten** – das heißt modal,
Ist **futur proche** die erste Wahl.

Le futur

Très prévoyant, un jeune homme fait des projets d'avenir:
– Ma chérie, dit-il, quand **nous serons mariés**, **tu garderas** ton travail et moi, **je continuerai** d'en chercher un.

Eve a chargé Adam d'**aller raconter** à Abel et Caïn une belle histoire pour les aider à s'endormir. Faisant appel à toutes les ressources de son imagination, Adam commence ainsi:
– **Il sera** une fois . . .

– Ma chérie, dit un père à sa grande fille, **tu vas passer** tes premières vacances sans tes parents. J'ai promis à ta mère de t'expliquer certaines petites choses concernant l'amour. **Je vais** t'**apprendre** comment on dit ‹non› en quinze langues.

– Quel bonheur, s'écrie une jeune fille, de penser que, dans quelques semaines, **nous serons mariés** et que **je partagerai** tout avec toi, tes joies comme tes soucis.
– Mais, proteste le fiancé, je n'ai aucun souci.
– Quand **nous serons mariés**, mon chéri, sois tranquille, avec ma mère sur le dos toute la journée, **tu en auras**.

Une petite fille revient de l'école et dit à sa maman:
– J'ai eu zéro parce que j'ai refusé de dire A.
– Et pourquoi n'as-tu pas voulu dire A? demande sa mère.
– Parce que, dès que **j'aurais cédé**, **ils voudront** me faire dire B.

Le futur
TEST

Setzen Sie das Verb in die angegebene Futurform!

1. – Le médicament que je vous prescris, dit le médecin à un de ses
   patients, est très amer. Alors, quand vous l(e) _____ (Futur II),
   vous _____ (Futur I) un verre d'eau pour faire passer le goût.
   – Entendu, docteur. Et qu'est-ce que je peux boire ensuite pour
   faire passer le goût de l'eau?
   (**prendre** – **boire**)

2. – J'aime bien cette voiture, dit un client potentiel, mais sa ligne me
   paraît un peu trop moderne.
   – Rassurez-vous, fait le vendeur. Avec nos longs crédits quand
   vous _____ (Futur II) de la payer, elle vous _____ (Futur I)
   complètement démodée.
   (**finir** – **sembler**)

3. Le repas de noces se termine. Le maître d'hôtel s'approche des
   nouveaux époux et demande:
   – _____ (Futur I)-vous un café?
   – Jamais le soir, proteste la mariée. Ça m'empêcherait de dormir.
   (**prendre**)

4. Dans la vitrine d'un fleuriste, cette inscription:
   – Que vous aimiez ou non les fleurs, elles _____ (Futur I) par
   vous pousser dessus!
   (**finir**)

Le futur
Vocabulaire

écossais,e	schottisch
le sujet de rédaction	das Aufsatzthema
malin, maligne	schlau
le tailleur	der Schneider
le costume	der Anzug
raisonnable	vernünftig
la réduction	die Ermäßigung
à la fois	gleichzeitig
la loi	das Gesetz
protéger	schützen
incapable de	unfähig zu
la tireuse de cartes	die Kartenlegerin
la contrainte	die Unannehmlichkeit, der Zwang
le percepteur	der Steuereinnehmer
le rappel d'impôts	die Steuernachforderung
s'affoler	den Kopf verlieren
rassurer qn	jemanden beruhigen
aussitôt	sofort
réclamer	fordern
mourir	sterben
écraser	überfahren
le zinc	die Theke, der Tresen
le bistrot	die Kneipe
au cœur de	im Herzen von
avoir soif	Durst haben
rendre	zurückgeben
remettre	aushändigen
le salaire	der Lohn
prévoyant,e	vorausschauend
le projet d'avenir	der Zukunftsplan
charger qn	jemanden beauftragen
s'endormir	einschlafen

faire appel à toutes les res-sources de l'imagination	alle Quellen der Phantasie aus-schöpfen
concernant	betreffend
partager	teilen
la joie	die Freude
le souci	die Sorge
le dos	der Rücken
avoir qn sur le dos	jemanden auf dem Hals haben
zéro	null Punkte (Sechs)
refuser	ablehnen
céder	nachgeben
prescrire	verschreiben
amer, amère	bitter
le goût	der Geschmack
le client po-tentiel	der Kunde mit Kaufabsichten
paraître	(er)scheinen
le vendeur	der Verkäufer
sembler	scheinen
démodé,e	altmodisch
le repas de noces	das Hochzeitsmahl
le maître d'hôtel	der Ober
s'approcher de	sich nähern
les nouveaux époux	die Jungvermählten
empêcher de	(ver)hindern
l'inscription (f.)	die Aufschrift
pousser	wachsen

Das Konditional

Le conditionnel

LE MONDE EST MAL FAIT PARCE QUE DIEU L'A CRÉÉ TOUT SEUL. IL **AURAIT CONSULTÉ** DEUX OU TROIS AMIS... LE MONDE **SERAIT** PARFAIT.

Das Konditional

Form

Das Konditional I

Im Konditional hält sich versteckt
Vorne Infinitiv und hinten Imperfekt.

> **Infinitiv + Imperfektendung**
> *je donner* + *ais*
> (Vergleiche Bildung des Futurs)

*je jouer-***ais**	*nous donner-***ions**
*tu dormir-***ais**	*vous partir-***iez**
*il boir-***ait**	*ils prendr-***aient**

Das Konditional II

Konditional von *avoir/ être* + **Partizip Perfekt**

j' **aurais** *joué*	*nous* **serions** *parti(e)s*
tu **aurais** *dormi*	*vous* **seriez** *mort(e)s*
il **aurait** *travaillé*	*elles* **seraient** *tombées*

Le conditionnel

Un malentendu:
Pendant l'examen médical, le docteur essaie de calmer sa jeune patiente:
– Mademoiselle, votre cœur est tout à fait normal. Je **donnerais** beaucoup pour avoir ce cœur.
– Mais docteur, je vous en prie, je suis encore libre.

Dans un monde cohérent, on **devrait** pouvoir échanger une femme de quarante ans contre deux de vingt.

Édmond Thiaudière

Une jeune fille est en train de marcher autour de l'obélisque de la place de la Concorde. Elle le regarde dans tous les sens et finalement elle dit:
– Non, il vaut mieux que je pense à autre chose. Ça ne **serait** pas raisonnable.

Le monde est mal fait parce que Dieu l'a créé tout seul. Il **aurait consulté** deux ou trois amis... le monde **serait** parfait.

Alfred Capus

La scène se passe à Jérusalem.
– Papa, dit le petit Joshe, tu vas être fier de moi. Au lieu de prendre l'autobus, j'ai couru derrière. Comme ça, j'ai économisé une pièce.
– Idiot! s'écrie le père. Tu **aurais dû** courir après un taxi. Ainsi, tu **aurais économisé** un billet.

Das Konditional

Gebrauch [1]

1. Konditional – temporal

Konditional ist eine Zeit,
Die **vom Standort der Vergangenheit**
Nach vorne blickt und sieht,
was in der **Zukunft** erst geschieht.

Als Tempus hat es seinen Platz
Meist in einem Nebensatz.

Zweites Konditional verwende,
Ist etwas fertig und zu Ende.

2. Konditional – modal

*Je **voudrais** gagner le gros lot.*	Wunsch
*Tu **serais** gentil de travailler.*	höfliche Bitte
***Serait**-il malade?*	zweifelnde Frage
*J'**aurais pu** t'aider.*	Möglichkeit
*Comment? Je **serais** un lâche?*	Entrüstung
*L'accident **aurait fait** 5 morts.* *M. Kohl **aurait dit** . . .*	Gerücht; vorsichtige Meldung in Medien ‹soll gesagt haben›

---

1 Siehe indirekte Rede u. Bedingungssatz Seite 77 ff; Seite 103 ff

Le conditionnel

Annonce dans «Le Chasseur français»:
Jolie fille, ayant souffert, excellente pianiste, **épouserait** aveugle aisé.

Un clochard sonne à la porte d'une famille riche:
– Ma bonne dame, je n'ai rien mangé depuis 5 jours. Vous n'**auriez** pas un peu de restes?
– Des restes? Est-ce que la soupe d'hier, ça vous **irait**?
– Oui, Madame!
– Alors, revenez demain.

Pourquoi n'**aimerait**-on pas sa femme? On aime bien celles des autres.

A. Dumas fils

– Qui **serait** le meilleur médecin? demandait-on à Platon. Il n'hésita pas à répondre:
– Celui qui **aurait eu** toutes les maladies.

Le Président Mitterrand a fait visiter au Chancelier Helmut Kohl et à sa femme le Louvre avec toutes ses peintures magnifiques. Au bout d'une heure, Madame Kohl **aurait dit** à son mari:
– Tu sais, Helmut, ce **serait** quand même agréable d'avoir des peintures comme ça à la maison.
Et Helmut Kohl **aurait répondu** sur un ton furieux:
– Mais, quand veux-tu que je trouve le temps de peindre?

Le conditionnel
TEST

Setzen Sie die Verben in Klammern in das Konditional!

1. On interroge une jeune fille:
   – Que _____ vous, si vous aviez des jumeaux?
   – Eh bien, dit-elle, d'abord je les _____ autant l'un que l'autre.
   Ensuite je les _____ exactement de la même façon. Eh puis, je
   crois bien que je me _____
   (faire; aimer; habiller; marier)

2. Comme cadeau de noces un vieux chasseur donne à sa fille la peau
   d'un tigre.
   – Je me rappelle, c'était en 1926, dit-il en déballant la belle fourrure. Je me suis trouvé en face d'un énorme tigre. Si je l'avais raté,
   il ne m' _____ pas **raté**.
   – Alors sa fille regarde son père, elle regarde la belle fourrure par
   terre et elle dit:
   – Je suis tellement contente que cela ait été le tigre. Sinon, le tapis
   ne _____ pas aussi ravissant.
   (avoir; être)

3. Un malentendu:
   Dans un pré, un peintre du dimanche rencontre un berger et il lui
   dit:
   – Est-ce que je _____ peindre vos moutons?
   – Ah non! dit le berger. Après, personne ne _____ plus acheter la
   laine.
   (pouvoir; vouloir)

4. Un industriel furieux jette à la porte l'amant de sa fille:
   – Pour la trente-sixième fois, hurle-t-il, je refuse de vous donner la
   main de ma fille! Mais votre obstination me plaît. Je _____ heureux que vous deveniez représentant pour ma firme.
   (être)

Le conditionnel
Vocabulaire

il boirait	er würde trinken
tu aurais dormi	du hättest geschlafen
calmer qn	jemanden beruhigen
un monde cohérent	hier: eine logische Welt
être fier, fière de	stolz sein auf
au lieu de	anstatt
économiser	sparen
une pièce	ein Geldstück
tu serais gentil de	es wäre nett von dir, wenn du
Je serais un lâche?	Ich soll ein Feigling sein?
ayant souffert	… die viel durchgemacht hat
un aveugle aisé	ein gutsituierter Blinder
ça vous irait?	würden Sie das mögen?
la peinture	das Gemälde
des jumeaux	Zwillinge
habiller	anziehen
le cadeau de noces	das Hochzeitsgeschenk
la peau, la fourrure	das Fell
déballer qc	etwas auspacken
rater le tigre	den Tiger verfehlen
ravissant,e	entzückend, hübsch
le malentendu	das Mißverständnis
le pré	die Wiese
le peintre du dimanche	der Sonntagsmaler
le berger	der Schäfer
la laine	die Wolle
un amant	ein Liebhaber
l'obstination (f.)	die Hartnäckigkeit
le représentant	der Vertreter

L'humour au conditionnel

Le père *gronde* son petit garçon:
– Pierre, je t'ai *défendu* de jouer à la balle dans l'appartement! Regarde! Tu viens de la lancer dans l'œil de ta mère. Tu te rends compte que tu **aurais pu** la lancer dans le poste de télévision! Au prix que ça coûte!

Un journaliste interroge Ray Charles, le célèbre musicien noir.
– Être né *aveugle*, ça vous ne gêne pas?
– Non, ça **pourrait** être pire, pensez que je **pourrais** être nègre.

Une jeune femme ayant *donné le jour à* un beau garçon demande à l'*infirmière* de l'hôpital de lui apporter l'*annuaire* téléphonique pour chercher un nom pour son enfant.
– Ne croyez-vous pas qu'un calendrier **conviendrait** mieux qu'un annuaire?
– Vous m'avez mal comprise, dit la jeune femme. Je lui cherche un nom de famille.

Pourquoi être désagréable, si avec un petit effort, vous **pourriez** être impossible.

Douglas Woodruff

---

gronder: schimpfen; **défendre:** verbieten; **aveugle:** blind; **donner le jour à qn:** jmdn. zur Welt bringen; **l'infirmière:** Krankenschwester; **l'annuaire:** Telefonbuch; **convenir:** geeignet sein, passen

Die Bedingungssätze

Les propositions conditionnelles

SI DIEU NOUS AVAIT FAIT À SON IMAGE, IL Y AURAIT MOINS DE CHIRUGIENS ESTHÉTIQUES.

Bedingungssätze I

Wenn das Wörtchen WENN nicht wär,
Wär Französisch halb so schwer,
Denn der *si-Satz*, seine Zeiten,
Bereiten Deutschen Schwierigkeiten.

Wir lernen auf den nächsten Seiten,
Bedingungen zu unterscheiden.
Je nach der ‹**Erfüllbarkeit**›
Nimmt man eine andre Zeit.
Und ob erfüllbar oder nicht,
Bestimmt allein des Sprechers Sicht.

1. Grundtyp

Der Sprecher glaubt als Optimist,
Daß die Bedingung erfüllbar ist.

Erfüllbare Bedingung	Folge aus der Bedingung
*Si tu **épouses** une femme sage,* *si tu **épouses** une femme méchante,*	**tu seras** *heureux;* **tu seras** *philosophe.* **Socrate**
Zeit: Gegenwart *(présent)* oder Perfekt *(passé composé)*	**Zeit:** je nach Satzsinn **hier: Zukunft** *(futur)*

La proposition conditionnelle I

Elle: Tu m'as encore trompée! J'en ai assez! **Si ça continue** comme ça, **je vais rentrer** chez ma mère.

Lui: D'accord. **Si tu retournes** chez ta mère, moi, **je vais retourner** chez ma femme.

Une petite ville de province est l'endroit où **si vous voyez** au restaurant une jeune fille ravissante avec un homme assez vieux pour être son père, **c'est** son père.

Un coq se penche vers une poule avec beaucoup de tendresse:
– Écoute, **si tu n' arrives pas** à pondre, **nous adopterons** un œuf.

Une pancarte à Genève, près de la frontière française: «Cette ville doit rester propre! **Si vous avez** envie de cracher, **allez** donc en France, ce n'est pas loin.»

C'est logique:
Si six scies scient six cyprès,
six cents scies scient six cents cyprès.

La maman dit bonne nuit à sa petite fille:
– Dors bien! Et **si tu as** peur, **appelle** maman . . . papa viendra.

Affiche dans un bar: **Si vous êtes venu** boire pour oublier, soyez gentil, **payez** avant de boire.

La cuisine anglaise:
Si c'est chaud, **c'est** de la soupe.
Si c'est froid, **c'est** de la bière.

Bedingungssätze II

2. Grundtyp

Die Bedingung ist nur Theorie,
erfüllt sich selten, eher nie.

Theoretisch erfüllbare oder nur angenommene Bedingung	Folge aus der Bedingung
1. **Si l'homme** savant **avait** toujours raison,	**l'imbécile devrait** désespérer.
2. **Les technocrates, si** on leur **donnait** le Sahara,	dans cinq ans, **il faudrait** qu'ils achètent du sable. *Coluche*
Zeit: Imperfekt, **(imparfait)**	**Zeit:** je nach Satzsinn hier: Bedingungsform, **(conditionnel I u. II)**

Globalregel:

Ein Futur hat keinen Platz
Im *si-* oder Bedingungssatz.
Und gebrauch auf keinen Fall
In diesem Satz Konditional! [1]

---

1 **Vorsicht!** Im indirekten Fragesatz kann nach *si* Futur und Konditional stehen; *si* heißt dann nicht **wenn**, sondern **ob**.

La proposition conditionnelle II

Si les locomotives étaient toutes conduites comme l'État, **les machinistes auraient** une femme sur les genoux.

Alain

Si les hommes ne commettaient jamais d'erreurs, **les femmes seraient** toutes célibataires.

Une jeune fille passe l'examen pour devenir infirmière.
– Que **feriez-vous**, lui demande-t-on, **si votre jeune frère avalait** la clé de la porte d'entrée?
– Hm…, répond-elle. Moi, **je rentrerais** par la fenêtre.

Après deux ans de prison, un gangster retrouve sa femme qui tient un bébé dans ses bras.
– C'est à toi, ce gamin? hurle-t-il.
– Oui, et **si tu t'étais** bien conduit, **il serait** à toi également.

Dans une rue de Paris, un touriste demande à un mendiant:
– Que **feriez-vous, si vous gagniez** un million au loto?
– J'irais mendier à Monte-Carlo.

Un homme rentre chez lui, un peu éméché.
– **Si c'était** la première fois, fait son épouse, **je ne te dirais rien**. Mais n'oublie pas que tu es déjà revenu dans le même état – le 12 juillet 1942.

Bedingungssätze III

3. Grundtyp

Diese Kondition erfüllt sich nie,
Für den Sprecher ist sie Utopie.

Nicht mehr erfüllbare Bedingung	Mögl. Folge der Bedingung
Si les Romains avaient dû *d'abord apprendre le latin,*	
	*ils n'**auraient** jamais **eu** le temps de conquérir le monde.*
Zeit: Vorvergangenheit *(plus-que-parfait)*	**Zeit:** je nach Satzsinn hier: Bedingungsform, II *(conditionnel II)*

Merken wollen wir
Uns der Strukturen vier,
Die in Bedingungssätzen
Oft das «*si*» ersetzen.

1. **au cas où** + *conditionnel* **dans le cas où** + *conditionnel* *2.* **Gérondif**	*Au cas où il viendrait.* (falls) *En allant tout droit,* *tu arriveras à la gare.*
2. **à** + *Infinitiv*	*A l'entendre, il sait tout faire.* (Wenn man ihn hört)
3. **Ausdrücke** **ohne Verb**	*A ta place, je partirais.* *Sans toi, je serais perdu.*

La proposition conditionnelle III

Si Dieu nous avait fait à son image, **il y aurait** moins de chirurgiens esthétiques.

Philippe Bouvard

Les murs ont la parole:
Si Christophe Colomb n'avait pas découvert l'Amérique, **il nous aurait épargné** pas mal de problèmes.

Eve était bien malheureuse au paradis. Elle ne pouvait jamais énumérer à Adam tous les hommes merveilleux qu'**elle aurait pu** épouser, **si elle l'avait voulu**.

Au cours d'une soirée chez des amis, une dame rencontre le gynécologue qu'elle consulte régulièrement.
– Mon Dieu, s'écrie-t-elle, confuse, **si j'avais su, je serais allée** chez le coiffeur – pour une fois que vous allez regarder mon visage.

Un clochard est tombé dans une telle misère qu'il était obligé de faire cuire son chien et de le manger. Il est en train d'en sucer le dernier os et il soupire:
– Pauvre chien! **S'il avait été** là, **il se serait régalé**.

Un garçon demande à sa mère:
– Dis, maman, est-ce que, quand il te faisait la cour, papa était très timide?
– Hélas, soupire la mère, **s'il l'avait été** un tout petit peu moins, **tu aurais** facilement un an de plus.

La proposition conditionnelle
TEST

Setzen Sie die Verben in Klammern in die richtige Form!

1. Une dame va voir son médecin qui lui demande:
   – Combien pesez-vous?
   – 53,543 kilos, toute nue, avec mes lunettes.
   – C'est très précis, mais pourquoi avec vos lunettes?
   – Parce que, **si je les (retirer), je ne pourrais plus** lire mon poids
   sur la balance.

2. Dans la vitrine d'un magasin juif, il y a cette inscription:
   Si vous (ne pas savoir) ce que vous désirez, **(entrer)**, nous
   l'avons.

3. **Si je (être)** la Vierge Marie, **j'aurais dit** «NON».

   Stevie Smith

4. Beaucoup plus de **maris (quitter)** leurs femmes, **s'ils savaient** comment faire leurs valises.

5. Robert: Avoue, que tu as épousé ta femme parce que son père lui
   avait laissé un million de francs.
   Didier: Pas du tout. **Je l'(épouser)** de la même façon **si c'était** un
   de ses oncles qui lui **avait légué** cette somme.

6. – Ma belle-mère, raconte un monsieur, vient chaque année chez
   nous, passer les fêtes de fin d'année. **Si elle (venir)** cette fois, **je
   serai** gentil avec elle: **je** la **laisserai** entrer.

La proposition conditionnelle
Vocabulaire

sage	weise, klug
méchant,e	böse
tromper	betrügen
en avoir assez	die Nase voll haben
un endroit	ein Ort
ravissant,e	entzückend
le coq	der Hahn
se pencher	sich (herab)beugen
pondre (un œuf)	(ein Ei) legen
la pancarte	das Schild, die Tafel
la frontière	die Grenze
cracher	spucken
la scie	die Säge
le cyprès	die Zypresse
une affiche	Bekanntmachung, Anschlag
gentil,le	nett
savant,e	klug, gebildet
un imbécile	ein Dummkopf
désespérer	verzweifeln
le sable	der Sand
l'État	der Staat
le genou,x	das Knie
commettre une erreur	einen Irrtum, Fehler begehen
célibataire	ledig
une infirmière	eine Krankenschwester
avaler	verschlucken
la clé	der Schlüssel
la prison	das Gefängnis
le bras	der Arm
le gamin	der Bengel
hurler	schreien
se conduire	sich führen, verhalten
le mendiant	der Bettler
éméché,e	beschwipst

un(e) époux, -ouse	ein(e) Gatte / Gattin
un état	ein Zustand
conquérir	erobern
Dieu	Gott
une image	ein Bild
le chirurgien esthétique	der Schönheitschirurg
découvrir	entdecken
épargner	ersparen
énumérer	aufzählen
merveilleux, -euse	wunderbar
au cours de	während
consulter	zu Rat ziehen
confuse,e	verwirrt
être obligé,e de	gezwungen sein, müssen
faire cuire	kochen
le chien	der Hund
sucer	lutschen
un os	ein Knochen
soupirer	seufzen
se régaler	sich etwas schmecken lassen
faire la cour	den Hof machen
timide	schüchtern
peser	wiegen
nu,e	nackt
les lunettes (f.)	die Brille
la balance	die Waage
juif, juive	jüdisch
la Vierge Marie	die Jungfrau Maria
avouer	gestehen
léguer	hinterlassen

Indikativ und Konjunktiv

L'indicatif et le subjonctif

C'EST PARCE QUE LES FEMMES DE CHEZ NOUS SONT VOILÉES QUE LE SIDA N'A JAMAIS PÉNÉTRÉ DANS NOTRE PAYS.

Indikativ und Konjunktiv

Wann steht Indikativ *(l'indicatif)*?

Die Welt beschreibt der **Realist**
Mit dem Verstand, so wie sie ist,
Ganz objektiv, frei von Gefühl,
Im **Indikativ**, neutral und kühl.

Notre monde est gouverné par la physique d'Einstein, et par la logique de Frankenstein.

Wann steht Konjunktiv *(le subjonctif)*?

Der Mensch, der über unsre Welt
Ein **subjektives Urteil** fällt,
Der als Opti- oder Pessimist
Glücklich oder traurig ist
Oder fordert, wünscht, verbietet,
Zweifelt, fürchtet und gebietet,
Der wird **nach QUE** in **Nebensätzen**
Stets den *Subjonctif* nur setzen.

*Une mère à sa fille: – Ma petite, tu as treize ans maintenant. **Il est nécessaire que nous ayons** une petite conversation sur les choses sexuelles.*
*– Oui maman. Qu'est-ce que **tu veux que je t'explique**?*

L'indicatif et le subjonctif

L'indicatif

Il n'y a que deux sortes de **personnes** qui ne **peuvent** commettre deux fois la même erreur: les parachutistes et les jeunes filles.

C'est parce que **les femmes** de chez nous **sont** voilées que **le sida n'a jamais** pénétré dans notre pays.

Ayatollah Khomeyni, Téhéran, mars 1985

La preuve que **la mode est** ridicule, c'est qu'**elle change** tout le temps.

Oscar Wilde

Le subjonctif

– Maman, **je veux que tu m'offres** un nouveau bikini!
– Non, Charles!

Deux cannibales causent:
– Je ne sais pas quoi faire de ma femme.
– **Tu veux que je te passe** mon livre de cuisine?

L'optimiste croit que nous vivons dans le meilleur des mondes possibles.
Le pessimiste **craint que ce soit vrai.**

Der Konjunktiv

Formen

Alle Verben – so ist es Norm –
Hängen an die **Ausgangsform**
Dieselben **Endungen** sich an,
Die man leicht behalten kann:

Singulier:	1. -e	2. -es	3. -e
Pluriel:	1. -ions	2. -iez	3. -ent

	Ausgangsformen:	**3. Person Plural Präsens**	
	und	**1. Person Plural Präsens**	

ils **prenn-***(ent)*	*ils* **boiv-***(ent)*	*ils* **finiss-***(ent)*
nous **pren-***(ons)*	*nous* **buv-***(ons)*	*nous* **finiss-***(ons)*

Konjunktivform =	Ausgangsform + -e, -es, -e, -ions, -iez, -ent	
que[1] *je* **prenn-e**	**que** *je* **boiv-e**	**que** *je* **finiss-e**
que *nous* **pren-ions**	**que** *ns.* **buv-ions**	**que** *ns.* **finiss-ions**

1 Das *que* soll Verwechslung mit anderen Formen verhindern.

Einige unregelmäßige Verben:

être:	*que je* **sois**	*que nous* **soyons**	*qu'ils* **soient**
avoir:	*que j'***aie**	*que nous* **ayons**	*qu'ils* **aient**
pouvoir:	*que je* **puisse**	*que nous* **puissions**	*qu'ils* **puissent**
aller:	*que j'***ailler**	*que nous* **allions**	*qu'ils* **aillent**
savoir:	*que je* **sache**	*que nous* **sachions**	*qu'ils* **sachent**

Le subjonctif

– Mon mari, dit la jeune fille à son admirateur, doit être **un homme qui soit** toujours à la maison quand je rentre du bureau; ce doit être **un homme qui puisse** bien parler de tout et de rien; mais **je veux** aussi **qu'il sache** se taire quand il commence à me fatiguer.
– Ce n'est pas un mari qu'il te faut, répond le garçon, mais un poste de télévision.

Le chef d'une galère s'adresse aux galériens:
– J'ai une bonne et une mauvaise nouvelle pour vous.
Laquelle **voulez-vous que je vous dise** d'abord? La bonne?
Alors, vous aurez congé demain toute la journée, et voilà la mauvaise:
Après-demain, le capitaine a décidé de faire du ski nautique.

Pourquoi les sous-marins israéliens sont-ils obligés de faire surface toutes les deux minutes?
Pour que les rameurs arabes **puissent** respirer.

Un général en larmes tient tendrement la main de sa femme qui est en train de mourir. Et elle lui dit:
– Mon chéri, je ne peux pas mourir sans te dire la vérité. **Il faut que tu saches** que je t'ai trompé depuis que nous sommes mariés. Mais seulement deux fois. D'abord avec ton lieutenant, et ensuite avec le 23ᵉ régiment de cavalerie.

Un homme **voudrait que sa femme ait** assez d'esprit pour apprécier son intelligence et **soit** assez sotte **pour qu'elle puisse** l'admirer.

Israël Zangwill

Der Konjunktiv

Gebrauch

Wo steht der *Subjonctif*?

1. Im Hauptsatz

Im **Hauptsatz** wendet man
Subjonctif sehr **selten** an.

Vive Dieter! Vive Robert!
Merci pour cette grammaire.
Anonyme

Aufforderung, Verbot,
Wunsch, Bitte und Gebot
Drückt *Subjonctif* im **Hauptsatz** aus.
Meist geht ihm auch ein *QUE* voraus.

2. In Nebensätzen

Der *Subjonctif* hat seinen Platz
Nach *QUE* zumeist im **Nebensatz.**
Hat hier ganz ähnliche Funktion;
Die nannten wir beim Hauptsatz schon.

Im **Relativsatz** macht man auch
Für **Wünsche** oft von ihm Gebrauch.
Er kann, wie Sie nebenstehend sehen,
Auch mal nach **Superlativ** stehen.

Le subjonctif

1. Le subjonctif dans la proposition principale

Vous connaissez la plus courte histoire juive?
«Dieu soit loué!»
(louer = mieten, loben)

Une maman annonce à ses deux enfants:
– Mes chéris, j'ai deux beaux gâteaux pour vous. Voyons, Alain, le-quel veux-tu?
– **Que mon frère choisisse** en premier, dit le gamin. C'est celui-là que je voudrais.

2. Le subjonctif dans la proposition subordonnée

La science du médecin est de découvrir chez un patient **un mal dont les deux puissent** vivre.

Albert Willemetz

Devenu profondément misanthrope à cause de l'ingratitude de ses amis, le marquis de Cherville fait graver sur la tombe d'un de ses chiens: «Ci-gît **le seul ami qui ne m'ait jamais mordu**.»

– Quel est **le meilleur conseil qu'on vous ait jamais donné**? deman-dait-on à Dwight D. Eisenhower, alors président des États-Unis.
– Celui d'épouser ma fiancée, répondit-il.
– Et qui vous l'a donné, ce conseil?
– Ma fiancée.

Der Konjunktiv in Nebensätzen

nach Ausdrücken

1. der Willensäußerung
(Befehl, Verbot, Forderung, Wunsch)

détester:	*verabscheuen*	*préférer:*	*vorziehen*
permettre:	*erlauben*	*consentir:*	*zustimmen*
	vouloir, souhaiter:	wünschen	
	interdire, défendre:	verbieten	

2. der Gemütsbewegung
(Freude, Staunen, Ärger, Furcht, Scham)

Je suis content, charmé, ravi,
triste, étonné, je suis surpris,
c'est dommage et malheureux,
je suis mécontent, fâché, furieux.
J'ai honte, j'ai peur, je crains.
Je m'indigne et je me plains.
'ne Schande ist's! – il est honteux
Und ärgerlich – *il est fâcheux.*

3. des wertenden Urteils (Billigung, Lob, Tadel)

Il est bon, nécessaire et fatal,
il est rare, il est juste et normal,
il est faux et absurde, il me déplaît,
il faut, il vaut mieux, je trouve mauvais.

4. Nach folgenden Konjunktionen:

afin que; pour que:	damit
de façon que; de manière que:	so, daß (Absicht!)
sans que:	ohne daß
avant que:	bevor

Le subjonctif

Il est très rare que les Belges aillent à la chasse aux canards. Ils n'arrivent jamais à jeter leurs chiens assez haut.

Un garçon qui a beaucoup de succès auprès des femmes accoste une fille assez belle et lui dit:
– Je n'ai pas de temps à perdre! C'est oui ou c'est non?
– Ben, fait la fille, **vous voulez qu'on aille** chez moi ou chez vous?
– Oh, si vous commencez à discuter, répond le gars, n'en parlons plus.

Une femme toute menue, qui souffre de bronchite, s'est déshabillée jusqu'à la taille **pour que le médecin puisse** l'examiner, ce qu'il fait avec une grande conscience professionnelle. Après quoi, il constate:
– Vous n'avez pas grand-chose, mais c'est charmant!

Un pessimiste **craint que** toutes **les femmes soient** légères.
Un optimiste **souhaite que le pessimiste ait** raison.

Un cardinal rencontre un autre cardinal:
– Vous ne connaissez pas la nouvelle? C'est terrible! Dieu est mort!
Mais le pape **a défendu qu'on** le lui **dise**.

Robert: **Crois-tu qu'une femme puisse** garder un secret?
Didier: Tu parles. Tiens, ma fiancée et moi, par exemple, nous avons été fiancés six semaines **avant que je** le **sache**.

Der Konjunktiv in Nebensätzen

5. Nach Ausdrücken der Annahme und des Zugeständnisses

Mit Konjunktiv nach Konjunktionen
Macht man dem Partner Konzessionen.

quoique:	obwohl	*quoi que:*	was auch immer
bien que:	obgleich	*qui que:*	wer auch immer
		pourvu que:	vorausgesetzt, daß
		à moins que...ne:	es sei denn, daß

Nach folgenden Verben steht:
Konjunktiv: Wenn man **Hypothesen** aufstellt.
Indikativ: Wenn man **Annahmen** für **sicher** hält.

admettre, supposer	annehmen
convenir, reconnaître	zugeben
imaginer	sich vorstellen

6. Nach Ausdrücken des Verneinens, der Unsicherheit

douter	zweifeln	*il est douteux*	es ist zweifelhaft
ignorer	nicht wissen	*il est possible*	es ist möglich
nier	leugnen	*il semble*	es scheint

Häufig nach den Verben des Sagens und Denkens, wenn sie verneint oder fragend gebraucht werden:

assurer	versichern	*croire*	glauben
admettre	zugeben	*penser*	denken

Le subjonctif

Une jeune fille passe l'examen pour devenir infirmière.
– **Supposez**, demande l'examinateur, **que** par un matin glacial de décembre, **vous voyiez** s'évanouir un clochard, qui visiblement souffre de la faim. Que faites-vous pour le ranimer?
– Je lui offre un peu de cognac.
– Très bien. Mais **supposez que vous n'en ayez** pas sous la main.
– Alors, je lui en promets.

Un capitaine à ses soldats qui partent en exercice:
– Allez les gars! Courage! **Imaginez qu'**au bout des 25 kilomètres qui sont devant nous, **il y ait** une belle brune qui vous attend.
– Moi, dit l'un des soldats, **je préférerais qu'il y ait** une jolie blonde à cinq kilomètres.

Un jésuite demande son chemin à un pasteur:
– Pour aller à la cathédrale?
– Oh! fait l'autre, **je ne crois pas que vous puissiez** y arriver. C'est tout droit.

Un nain rencontre un autre nain:
– Ça alors! Toi ici! **Je n'aurais jamais cru qu'on finisse** par se revoir.
– Eh oui! dit l'autre. Le monde est petit.

Il ne faut jamais féliciter une femme de son intelligence, **à moins qu'**elle **ne soit** très belle – ou très laide.

Oscar Wilde

Le subjonctif
TEST

**Setzen Sie statt des Infinitivs in Klammern die richtige Konjunktiv-
form ein! Warum steht der Konjunktiv?**

1. Une belle-mère, c'est une dame qui donne sa ravissante jeune fille
   en mariage à un monstre horrible et dépravé **pour qu'ils** _____
   ensemble les plus beaux enfants du monde. **(faire)**

   Alphonse Karr

2. C'est vrai, papa, dit une petite fille à son père, que je descends du
   singe?
   – Comment **veux-tu que je le** _____? répond le père. Ta mère
   s'est toujours refusée à me présenter ma belle-mère et mon
   beau-père. **(savoir)**

3. **Quel dommage qu'on ne** _____ **pas** avoir un amant sans tromper
   son mari. **(pouvoir)**

   Georges Feydeau

4. – Docteur, ma belle-mère souffre, vis-à-vis de moi, d'un terrible
   complexe d'infériorité . . .
   – Et **vous souhaitez que je la** _____?
   – Je voudrais surtout savoir comment faire **pour qu'elle le** _____.
   (guérir – garder)

5. – Papa et maman, disent deux petits kangourous à leurs parents,
   est-ce que vous pourriez vous mettre chacun à un bout du square,
   sur la pointe des pieds, **afin que nous** _____ jouer au basket-ball?
   (pouvoir)

L'indicatif et le subjonctif
Vocabulaire

gouverner	regieren
commettre une erreur	einen Irrtum, Fehler begehen
le parachutiste	der Fallschirmspringer
être voilé,e	verschleiert sein
le sida	Aids
pénétrer	eindringen
la preuve	der Beweis
ridicule	lächerlich
offrir	schenken
causer	sich unterhalten
le, la meilleur,e	der, die beste
craindre	(be)fürchten
un admirateur	ein Bewunderer
se taire	ruhig sein, schweigen
fatiguer qn	jemandem auf die Nerven gehen
le poste de télévision	das Fernsehgerät
la nouvelle	die Neuigkeit
avoir congé	frei haben
le ski nautique	Wasserski
le sous-marin	das U-Boot ✗
être obligé,e de	gezwungen sein, müssen
faire surface	auftauchen
le rameur	der Ruderer
respirer	atmen
la larme	die Träne
tendrement	zärtlich
mourir	sterben
la vérité	die Wahrheit
tromper	betrügen
un esprit	Geist, Witz
apprécier	schätzen
sot,te	einfältig, dumm, töricht
admirer	bewundern

juif, juive	jüdisch
louer	loben; (ver)mieten
le gâteau,x	der Kuchen
le gamin	der Schlingel
la science	die Wissenschaft, Kunst
découvrir	entdecken
profondément	zutiefst
misanthrope	menschenverachtend
une ingratitude	eine Undankbarkeit
graver	eine Inschrift anbringen
la tombe	das Grab, der Grabstein
le chien	der Hund
ci-gît	hier ruht
mordre	beißen
le conseil	der Rat(schlag)
la fiancée	die Verlobte
la chasse aux canards	die Entenjagd
jeter	werfen
auprès de	bei (Personen)
accoster	ansprechen
le gars	der Bursche
menu,e	zierlich
souffrir de	leiden
la conscience	die Gewissenhaftigkeit
constater	feststellen
Dieu	Gott
le pape	der Papst
défendre	verbieten
garder un secret	ein Geheimnis behalten
une infirmière	eine Krankenschwester
supposer	annehmen
un examinateur	ein Prüfer
glacial,e	eiskalt
s'évanouir	in Ohnmacht fallen
visiblement	sichtlich
la faim	der Hunger
ranimer	wiederbeleben
promettre	versprechen
le capitaine	der Hauptmann
le courage	der Mut
imaginer	vorstellen

au bout de	am Ende, nach
la brune	die Dunkelhaarige
préférer	vorziehen
demander son chemin	nach dem Weg fragen
le pasteur	der (protestantische) Pfarrer
tout droit	geradeaus
le nain	der Zwerg
féliciter	beglückwünschen
laid,e	häßlich
ravissant,e	entzückend
le monstre	das Monster
dépravé,e	verdorben ✗
descendre du singe	vom Affen abstammen
se refuser à	sich weigern
présenter qn à qn	jemanden vorstellen
quel dommage	wie schade
un amant	ein Liebhaber
tromper	betrügen
vis-à-vis de moi	mir gegenüber
le complexe d'infériorité	der Minderwertigkeits-komplex
surtout	vor allem
guérir	heilen
le kangourou	das Känguruh
le bout	Ende, Ecke, Seite
le square	Platz, öffentliche Anlage
sur la pointe des pieds	auf Zehenspitzen

Au restaurant

Client: Garçon! Regardez-moi ça!
            Ce poulet *n'a que les os et la chair.*
Garçon: Si vous voulez, monsieur, je vous apporte encore les
            plumes.

Un client appelle le garçon d'un petit restaurant:
– Monsieur, c'est un scandale. Il y a une *mouche* qui s'est *noyée* dans ma soupe!
– Je suis *désolé*, monsieur. Mais nous n'avons pas les *moyens* d'équiper les mouches de *gilets de sauvetage*.

– Garçon! Vouz avez des *cuisses de grenouilles*?
– Je sais, depuis ma *naissance*, je marche comme ça.

– Garçon! Un litre de vin, s'il vous plaît.
– Bien, monsieur, mais… du rouge ou du blanc?
– Cela m'est égal. Je suis *aveugle*.

Un autobus rempli d'*Écossais* s'arrête devant une auberge.
Le chauffeur descend seul et demande au garçon:
– Un coca-cola, s'il vous plaît, avec 43 *pailles*.

N'avoir que les os et la chair: nur Haut und Knochen sein; **la plume:** die Feder; **la mouche:** die Fliege; **se noyer:** ertrinken; **être désolé,e:** etwas sehr bedauern; **les moyens:** die Mittel; **le gilet de sauvetage:** die Schwimmweste; **la cuisse de grenouille:** Froschschenkel; **la naissance:** die Geburt; **aveugle:** blind; **un Écossais:** ein Schotte; **la paille:** der Strohhalm

Die indirekte Rede

Le discours indirect

IL Y A CERTAINES BÊTISES QUE J'AI FAITES PARCE QUE JE SAVAIS QU'ELLES ÉTAIENT AMUSANTES À RACONTER.

Die indirekte Rede

Discours indirect dient zum Erzählen,
Was andre sagen, fragen und befehlen.

Aussagesätze:	*Un patient **raconte** à son docteur **que,***
	***souvent, il a envie de se suicider** et*
Fragesätze:	*il lui **demande comment il faut s'y prendre.***
Befehlssätze:	*Le docteur lui **dit d'avoir confiance** en la*
	médecine qui a remède à ce problème-là.

1. Indirekte Aussagesätze

Ein Verb leitet die Rede ein,
Dies ‹Vorschaltverb› ist nie allein:
Ein **QUE** folgt immer hinterdrein.[1]

Les derniers mots d'un hypocondriaque:
*«**Je** vous **ai** toujours **dit que** j'étais malade.»*

An Vorschaltverben haben wir
Zum Beispiel *écrire* oder *dire*,
penser, espérer, croire,
raconter und *savoir.*

---

1 *que* muß vor jedem Teilsatz wiederholt werden

Le discours indirect

1. Indirekte Aussagen

Une petite fille qui ouvre la porte de la salle de bains, au moment où son père sort de la baignoire, court vers sa mère:
– Maman! maman! **Je crois bien que papa est un garçon!**

– Papa, questionne une petite fille, qu'est-ce que c'est, un titre honorifique?
– Eh bien, c'est, par exemple, quand **ta mère dit que je suis** le chef de famille.

2. Indirekte Fragen

Pourquoi les filles baissent-elles les yeux quand les garçons parlent d'amour? – **Pour savoir si c'est vrai.**

Une femme maigre c'est comme un pantalon sans poches. **On ne sait pas où mettre les mains.**

3. Indirekte Befehle

Un Écossais en voyage à l'étranger **écrit à sa femme de faire attention de ne pas user ses lunettes.** Il avait oublié de lui **dire de les enlever** quand elle ne regardait rien.

Die indirekte Rede

Das Vorschaltverb steht in einer Zeit der Gegenwart:

Es ändern sich die Zeiten nicht,
Steht das Verb vor dem Bericht
Im **Präsens** oder einer Zeit
Der «**Nicht-Vergangenheit**» [1]

So wird es gesagt:	So wird es berichtet:
«*L'homme le plus inquiet d'une prison* **est** *le directeur.*»	*On* **dirait que** *l'homme le plus inquiet d'une prison* **est** *le directeur.*

Das Vorschaltverb steht in einer Zeit der Vergangenheit:

Bericht in der Vergangenheit
Ändert auch beim Verb die Zeit:

So wurde es gesagt:	So wird es berichtet:
Docteur Parnart: «***Aujourd'hui, j'ai réussi*** *ma première transplantation d'appendice.*» (*appendice* = Blinddarm)	*Le docteur Parnart* **a annoncé hier**, *qu'il* **avait réussi** *sa première transplantation d'appendice.*

---

1 Zeiten der Nicht-Vergangenheit: Präsens, Futur, Konditional

Le discours indirect

Le discours indirect au présent

– Je viens de trouver une lettre de notre fille, dit la femme d'un poissonnier à son mari. **Elle nous informe qu'elle s'enfuit** avec notre vendeur.
– Ce n'est pas vrai, hurle le poissonnier, ils ne peuvent pas nous faire
ça! . . . Pas un vendredi.

Un Écossais vient d'enterrer sa belle-mère. Le patron des pompes
funèbres lui présente la note.
– Décidément, soupire l'Écossais, **on a bien raison de dire que** toute
médaille **a** son revers.

Le discours indirect au passé

Un motard rattrape un automobiliste sur l'autoroute.
– **N' avez-vous pas remarqué que votre femme était tombée** de votre
voiture, il y a une dizaine de kilomètres.
– Vous me rassurez, réplique le conducteur. **Je croyais que j'étais
devenu sourd.**

Robert: Je n'ai vraiment pas de chance avec mes épouses.
Didier: **Je ne savais pas que ta première femme était partie.** Et ta
         seconde femme, elle t'a quitté aussi?
Robert: Hélas! Elle est restée.

Die indirekte Rede

Das Vorschaltverb steht in einer Zeit der Vergangenheit:

Die Zeitverschiebung im Bericht
Entnimmt man dieser Übersicht [1]:

Folgende Zeiten ändern sich:

Direkte Rede Diese Zeit wurde verwendet:	Indirekte Rede In dieser Zeit wird berichtet:
présent	imparfait
passé composé u. p. simple	plus-que-parfait
futur I	conditionnel I
futur II	conditionnel II

Diese Zeiten ändern sich nicht:

Direkte Rede Diese Zeit wurde verwendet:	Indirekte Rede In dieser Zeit wird berichtet:
imparfait	imparfait
plus-que-parfait	plus-que-parfait
conditionnel I	conditionnel I
conditionnel II	conditionnel II
subjonctif	subjonctif

---

1 Die Zeitenverschiebung gilt auch für indirekte Fragen.

Le discours indirect au passé

– Mais enfin, dit le juge, m'avez-vous **avoué** hier **que vous aviez commis** le vol, oui ou non?
– Je vous l'ai avoué.
– Et maintenant vous niez?
– Oui. Mon avocat a réussi à me **convaincre que c'était** un autre.

Il y a certaines bêtises que j'ai faites parce que **je savais qu'elles étaient** amusantes à raconter.

Sacha Guitry

– Ma mère, raconte un fils de millionnaire, a eu comme cadeau de Noël un singe et un perroquet.
– C'est drôle, répond un de ses camarades de classe, **j'aurais juré que** toi et ta sœur, **vous êtes nés** en été.

– Maman, confie une jeune mariée à sa mère, Jérôme est jaloux comme un tigre. **Il m'a dit que** si un jour **je le trompais, il me tuerait.**
– Bah, répond la mère, ton père m'a souvent, lui aussi, fait cette menace. Et puis, comme tu vois, je suis toujours bien vivante.

Robert: L'année dernière **tu m'avais raconté que tu allais épouser**
         une veuve intéressante. C'est cassé?
Didier: Non, non. J'attends toujours. Son mari n'est pas encore
         mort.

Die indirekte Rede

2. Indirekte Fragesätze

Indirekte Fragen kündigt man
Mit **Vorschaltsätzen** an
Wie «*Je me demande si...?*»
Oder «*Savez-vous ce qui...?*».

Direkte Frage:	Indirekte Frage:
«*Pourquoi les Belges ne mangent-ils jamais de cornichons?*» «*Parce qu'ils n'arrivent pas à rentrer leur tête dans le bocal.*»	***Je me demande pourquoi*** les Belges ne mangent jamais de cornichons.

Den Vorschaltsätzen hänge man
Immer **Fragewörter** an.
Si, deutsch **ob**, springt ein,
Sollten Fragen **ohne** sein.

Merke:

1. ***s'il...?*** = ob er...? aber: ***si elle...?*** = ob sie...?
2. Nach ***si*** = **ob** kann auch Futur und Konditional stehen.
3. Die direkten Fragen **«*Qu'est-ce qui/que...?*»** werden zu **«*ce qui*»** bzw. **«*ce que*»** verkürzt.
4. Für die Zeitenfolge gelten die Tabellen S. 108.

La question indirecte

Une jeune fille, après s'être complètement déshabillée derrière un paravent, **demandait** au docteur **où elle devait** mettre ses vêtements.
– Posez-les sur les miens, a répondu le docteur d'une voix tremblante.

Un journaliste est en train d'interviewer la mère d'une famille nombreuse. **Il veut savoir quel âge ont les enfants.**
– 13, 12, 11, 10, 9, 8, 7, 6, et 5 ans, répond la maman.
– Et c'est tout?
– Oui. Après on a eu la télé.

Les filles sages savent qu'il y a une petite différence entre l'homme et la femme; **les femmes** moins sages **savent comment la rendre plus grande.**

Il y a de moins en moins de différences entre le gouvernement et un bikini: **tout le monde se demande comment il tient** et tout le monde souhaite le voir tomber.

Henri Jeanson

Le téléphone sonne à l'asile psychiatrique de la ville. Un des infirmiers de garde répond brièvement et raccroche.
– Qui était-ce? questionne un de ses collègues.
– Un type de l'extérieur. **Il demandait si un de nos malades ne s'était pas échappé**: quelqu'un vient d'enlever sa belle-mère.

Die indirekte Rede

3. Indirekte Befehlssätze

Bei Befehlen und Verboten
Ist Infinitiv mit **de** geboten.

So wurde es gesagt	So wird es berichtet
«Visitez le Bundestag à Bonn! Admirez son célèbre écho!»	*Le guide nous **a recommandé de visiter** le Bundestag et **d'admirer** son célèbre écho.*

Anmerkung zur Angleichung von Adverbien und Pronomen:

Orts- und Zeitangaben passe man
Dem Standpunkt des Erzählers an.

So wurde es gesagt	So wird es berichtet
ici	*là*
maintenant	*alors, à ce moment*
demain	*le lendemain*
hier	*la veille*
il y a 3 ans	*3 ans avant*

Auch **Pronomen** gleiche man
Der Sicht der Sprecher an.

So wurde es gesagt	So wird es berichtet
*«Quand **je** regarde la poitrine de **ma** femme, **je** vois double.»*	*Il croit qu'**il** voit double quand **il** regarde la poitrine de sa femme.*

L'ordre indirect

– Maman, crie une petite fille, un oiseau s'est posé sur la fenêtre. Il est gros comme un cheval.
– Voyons, s'exclame la mère, **je t'ai déjà dit** 36 millions de fois **de ne pas exagérer.**

En pleine brousse, un missionnaire se trouve nez à nez avec un lion. Il se met à genoux et **prie Dieu d'inspirer** à cette bête des sentiments chrétiens.
Immédiatement le lion tourne le regard vers le ciel et prie:
– Seigneur, bénissez la nourriture que je vais prendre.

Quand vous déclarez à une femme que vous désirez l'entretenir, **n'oubliez pas de lui dire** que c'est pour quelques minutes seulement.

Une dame dit à une autre:
– C'est invraisemblable, je viens d'apprendre que Suzanne t'a dit ce que **je lui avais dit de ne pas te dire**. Il paraît que tu lui as dit que tu ne me dirais pas qu'elle t'avait dit ce que **je lui avais dit de ne pas te dire**. Alors, toi, maintenant, ne lui dis pas que je t'ai dit qu'elle t'avait dit ce que **je lui avais dit de ne pas te dire.**

Le discours indirect
TEST

A. Finden Sie die richtige Verbform!

1. Un homme dit à sa femme:
   Tu dis que je (parler) en rêvant? C'est bizarre parce que cette nuit **je rêvais que je (rencontrer)** ta mère. Et **je me demande comment je (arriver)** à placer un mot.

2. Au lit avec un beau moniteur de ski, une dame, que son mari a envoyée passer huit jours aux sports d'hiver, lui téléphone:
   – Allô, chéri. J'ai eu de la chance de retrouver le même moniteur de ski que l'année dernière et dès le premier jour **il a jugé que je (faire)** d'énormes progrès.

3. Une petite fille voulait savoir **pourquoi** les femmes **(ne pas avoir)** de poil sur la poitrine. Comme toute réponse son père lui a demandé si elle **(avoir)** jamais vu pousser des mauvaises herbes sur un terrain de jeux.

B. Ergänzen Sie die indirekte Frage!

1. – C'est bon, dit à bout d'arguments un malheureux mari. Je vais me décider à demander une augmentation de salaire à mon chef. Mais chérie, si ce n'est pas trop indiscret, puis je savoir **(wieviel ich verdiene)**.

2. Un cadre vient dire à son patron:
   – Ma femme estime que vous devriez m'accorder une augmentation.
   – Bon, fait le patron, je vais demander à ma femme **(was sie darüber denkt)**.

Le discours indirect
Vocabulaire

se suicider	sich umbringen
s'y prendre	sich anstellen
avoir confiance	Vertrauen haben
le remède	das Heilmittel
un hypocondriaque	ein Hypochonder, ein Simulant
la baignoire	die Badewanne
le titre honorifique	der Ehrentitel
baisser les yeux	die Augen niederschlagen
le pantalon	die Hose
la poche	die Tasche
un Écossais	ein Schotte
user	abnutzen
les lunettes (f.)	die Brille
enlever	absetzen
inquiet, -ète	unruhig
la prison	das Gefängnis
la transplantation	die Übertragung, Verpflanzung
un appendice	ein Blinddarm
le poissonnier	der Fischhändler
s'enfuir	fliehen, ausreißen
le vendeur	der Verkäufer
les pompes funèbres (f.)	das Bestattungsunternehmen
la note	die Rechnung
décidément	in der Tat
soupirer	seufzen
avoir raison	recht haben
le revers de la médaille	die Kehrseite der Medaille
le motard	der Polizist auf einem Motorrad
rattraper	einholen
il y a	vor (zeitlich)
rassurer	beruhigen

sourd,e	taub
avoir de la chance	Glück haben
un(e) époux, -ouse	ein(e) Gatte / Gattin
le juge	der Richter
commettre un vol	einen Diebstahl begehen
avouer	gestehen
nier	abstreiten, verneinen
convaincre	überzeugen
la bêtise	die Dummheit
le cadeau,x de Noël	das Weihnachtsgeschenk
le singe	der Affe
le perroquet	der Papagei
jurer	schwören
un été	ein Sommer
confier	anvertrauen
jaloux, -se	eifersüchtig
le tigre	der Tiger
tromper	betrügen
la menace	die Drohung
la veuve	die Witwe
casser	in Brüche gehen
le cornichon	die Gurke
le bocal	das (Einmach-)Glas
se déshabiller	sich entkleiden, ausziehen
le vêtement	das Kleidungsstück
d'une voix tremblante	mit zitternder Stimme
une famille nombreuse	eine kinderreiche Familie
rendre plus grand,e	größer machen
souhaiter	wünschen
un asile psychiatrique	eine Nervenheilanstalt
un infirmier	ein Krankenpfleger
brièvement	kurz, knapp
raccrocher	auflegen
un type de l'extérieur	jemand von außerhalb
s'échapper	ausreißen
enlever	entführen
admirer	bewundern
le guide	der Führer
recommander	empfehlen
célèbre	berühmt
la poitrine	die Brust, der Busen

un oiseau,x	ein Vogel
le cheval, -aux	das Pferd
exagérer	übertreiben
en pleine brousse	im tiefsten Urwald
se trouver nez à nez	sich Auge in Auge befinden
le lion	der Löwe
prier	beten
Dieu	Gott
inspirer	eingeben
se mettre à genoux	auf die Knie fallen
le sentiment chrétien	das christliche Gefühl
immédiatement	sofort
tourner le regard vers	den Blick zum Himmel
le ciel	erheben
le Seigneur	der Herr
bénir	segnen
la nourriture	die Speise, Nahrung
entretenir	unterhalten
invraisemblable	unwahrscheinlich
rêver	träumen
le moniteur de ski	der Skilehrer
dès le premier jour	vom ersten Tag an
faire des progrès	Fortschritte machen
le poil	das (Körper-) Haar
la mauvaise herbe	das Unkraut
le terrain de jeu	der Spielplatz
je suis à bout d'arguments	mir fällt kein Argument mehr ein
le cadre	der leitende Angestellte
une augmentation de salaire	eine Gehaltserhöhung
accorder	gewähren

Les Français se moquent des Écossais

L'Écossais McTavish avait apporté une grande bouteille d'urine chez son docteur. Quelques jours plus tard, il a reçu les résultats: tout va bien. Heureux, il a annoncé la nouvelle à sa femme.
– Chérie! bonne nouvelle! Les enfants, toi, moi, le chat et le chien, nous sommes tous en bonne santé.

Un *mariage* écossais
Le curé: Alors c'est ta troisième fille que tu maries?
McTavish: Eh oui, et c'est grand temps. Les confettis commencent à être *sales*.

Savez-vous pourquoi les Écossais portent depuis des siècles le fameux kilt?
Parce que ce vêtement sans poches est le meilleur moyen pour *décourager* les pick-pockets.

Un Écossais et sa femme sont allés à *la piscine*.
– J'espère que tu as pensé à prendre une douche, lui dit-elle à la sortie.
– Chut! murmure-t-il. Personne n'a pas encore *remarqué* qu'il en *manquait* une.

---

un Écossais: ein Schotte; **un mariage:** Hochzeit; **le curé:** Pastor; **sale:** schmutzig; **décourager:** abschrecken; **la piscine:** Schwimmbad; **remarquer:** bemerken; **manquer:** fehlen

Das Passiv

La voix passive

LE MEURTRIER A ÉTÉ ENTENDU PAR LA POLICE JUSTE APRÈS S'ÊTRE DONNÉ LA MORT.

Das Passiv

Form

Mit **être** bilde man
Die jeweilige Zeit
Und hänge daran dann
Das **Partizip des Perfekts** an.

Im Grunde kann, wie wir gleich sehen,
Passiv **in allen Zeiten** stehen.

	a été / fut	
	avait été	
La maison		***détruite.***
	sera / serait	
	aura / aurait été	

Beim **Präsens** und beim **Imperfekt**
Muß klar sein, wer dahinter steckt.
Denn wird der Täter nicht genannt,
Ist's keine Tat, sondern ein **Zustand**:

*La maison **est / était détruite.***

Passiv heißt, daß man klar sieht,
Daß mit dem Subjekt 'was geschieht.
Drum ist es nötig, daß man nennt
Täter oder **Instrument**.

*La maison est détruite **par une bombe.***

La voix passive

Les cages **ont été faites** pour les oiseaux, mais les oiseaux ne **sont** pas **faits** pour les cages.

Comte d'Houdetot

La tireuse de cartes à une dame venue la consulter:
– J'ai une horrible nouvelle à vous annoncer: Votre mari est en danger de mort.
– Ah bon! Est-ce que **je serai acquittée**?

Un homme **est** toujours plus **attiré par une femme** qui s'intéresse à lui que **par une femme** possédant de jolies jambes.

Marlene Dietrich

Un pauvre mari **était** complètement **martyrisé par sa tyrannique femme** et **par son autoritaire belle-mère**. Quand il mourut et que son testament **fut ouvert par le notaire**, celui-ci commença la lecture par ces mots:
– Ceci est ma *première* volonté . . .

En 1956, après l'invasion russe, un homme entre dans un commissariat de police à Budapest et se plaint:
– Ma montre russe **a été volée par un soldat suisse.**
– N'êtes-vous pas en train de mélanger? demande le policier.
– Seulement si vous insistez, répond le Hongrois.

Das Passiv

Welche Verben kann man in das Passiv setzen?

Nur ein Verb, das transitiv,
Läßt sich setzen ins Passiv.
Transitiv heißt: Das Objekt
Folgt auf das Verb direkt.

Transitive Verben Direktes Objekt	Intransitive Verben Indirektes Objekt mit à
examiner un malade *admirer une statue*	*plaire à une jeune fille* *demander au docteur*

Gebrauch

Je nachdem, wie wir die Handlung sehen,
Wird **Aktiv** oder **Passiv** stehen:
Ist einem Tat und Täter wichtig,
Dann ist ein Satz im **Aktiv** richtig.

Wenn man in erster Linie sieht,
Was mit dem Tatopfer geschieht,
Dann wird das **Passiv** angewandt.
Meist ist der Täter unbekannt,
Oder er bleibt ungenannt.

Wenn man doch das Instrument,
Beziehungsweise Täter nennt,
Packt man sie mit **par** ans End.

*Le talon haut **a été inventé par une femme** qui
ne voulait pas **être embrassée** sur le front.*

122

La voix passive

Un médecin est en train d'examiner une vedette de cinéma qui est
assez imbue de sa personne.
Le médecin: Mademoiselle, vous avez une appendicite aiguë.
La jeune fille: Docteur, je ne suis pas venue pour **être admirée**, mais
pour **être examinée.**

Le quartier des grands magasins à Bruxelles a **été privé** d'électricité.
Pendant trois heures, plusieurs milliers de personnes **ont été bloquées**
sur les escaliers roulants.

Le meurtrier **a été entendu par la police** juste après **s'être donné** la
mort.

Paris-Jour

Une jeune fille s'inquiète.
– Maman, flirtais-tu avant d'**être mariée**?
– Eh bien . . . fait la mère, un peu gênée. Oui, bien sûr.
– Et par la suite, **as-tu été punie**, pour cela?
– Hum, j'ai épousé ton père.

La plus belle mort, c'est d'**être tué** à quatre-vingts ans d'un coup de
revolver **par un mari jaloux.**

Francis Blanche

Pourquoi la marine belge a-t-elle perdu tous ses sous-marins?
Parce qu'une «journée portes ouvertes» **avait été organisée** à leur
bord.

La voix passive
TEST

Formen Sie die Aussagen im Aktiv in Passivkonstruktionen um!

1. **(Des amis ont invité un grand buveur.)** La maîtresse lui propose amicalement:
   – Américano? Pastis? Whisky? Porto?
   Oui, répond-il. Tout cela sera parfait.

2. – On doit reconnaître, dit un père de famille, que la télévision est extrêmement stricte sur la moralité des programmes. **(On y punit toujours les méchants.)** Dans toutes les émissions, sauf aux actualités.

3. – J'ai été toute retournée, raconte une adepte de la vie au grand air à une amie, quand Frédéric m'a embrassée.
   (– On ne t'avait jamais embrassée?)
   – Si, mais jamais en canoë.

4. – Ce garçon manque vraiment d'à-propos, s'écrie une jeune fille. Hier, je lui demande:
   – Veux-tu que je te montre où **(on m'a opérée de l'appendicite?)** Et sais-tu ce qu'il m'a répondu? «Non, j'ai horreur des hôpitaux.»

5. **(On a donné la parole)** à l'homme pour dissimuler sa pensée.

Talleyrand

La voix passive
Vocabulaire

détruire	zerstören
la cage	der Käfig
un oiseau,x	ein Vogel
la tireuse de cartes	die Kartenlegerin
consulter	um Rat fragen
horrible	schrecklich
le danger de mort	die Lebensgefahr
acquitter qn	jemanden freisprechen
attirer qn	jemanden anziehen
posséder	besitzen
la jambe	das Bein
martyriser	quälen, foltern
la belle-mère	die Schwiegermutter
mourir	sterben
la dernière volonté	der Letzte Wille
le notaire	der Notar
russe	russisch
se plaindre	sich beklagen
la montre	die (Armband-)Uhr
mélanger	verwechseln
insister	auf etwas bestehen
le Hongrois	der Ungar
le talon	der Absatz
inventer	erfinden
embrasser	küssen
le front	die Stirn
examiner	untersuchen
la vedette de cinéma	der Filmstar
être imbu,e de	eingenommen sein von
une appendicite aiguë	eine akute Appendicitis (Blinddarmentzündung)
admirer	bewundern
être privé,e d'électricité	ohne Strom sein
un escalier roulant	eine Rolltreppe

le meurtrier	der Mörder
être entendu,e	verhört werden
se donner la mort	Selbstmord begehen
s'inquiéter	sich beunruhigen
punir	bestrafen
épouser qn	jemanden heiraten
un coup de revolver	ein Revolverschuß
jaloux, -se	eifersüchtig
le sous-marin	das U-Boot
le buveur	der Trinker
la maîtresse	die Gastgeberin
proposer	anbieten
reconnaître	anerkennen
strict,e	streng
la moralité	die Moral
le méchant	der Böse(wicht)
une émission	eine Sendung
sauf	außer
les actualités (f.)	die Nachrichten
retourner	umdrehen, umkippen
j'ai été tout(e) retourné(e)	mir ist es ganz anders geworden
un(e) adepte	ein(e) Anhänger(in)
la vie au grand air	das Leben in der freien Natur
le canoë	das Kanu
manquer de qc	über etwas nicht verfügen
un à-propos	Sinn für das Passende, Schlagfertigkeit
une appendicite	Blinddarmentzündung
avoir horreur de	verabscheuen
la parole	die Sprache
dissimuler	verbergen
la pensée	die Gedanken

Die Objektpronomen

Les pronoms personnels

L'ARGENT N'ACHÈTE PAS LA SANTÉ, MAIS VOUS POUVEZ AU MOINS VOUS OFFRIR DE JOLIES INFIRMIÈRES POUR LA FAIRE REVENIR.

Die Objektpronomen

1. Der Satz enthält nur ein Verb

Objektpronomen stehen für Objekte,
Für indirekte und direkte.
Meist suchen sie in einem Satz
Vor konjugierten Verben[1] ihren Platz.

Objektpronomen:

direkte:		indirekte:	
Sing.	**Plural**	**Sing.**	**Plural**
me	*nous*	*me*	*nous*
te	*vous*	*te*	*vous*
se	*se*	*se*	*se*
le, la	**les**	**lui**	**leur**

– *Brigitte, dit un mari à sa femme, quand un jeune homme vient la prochaine fois **nous** demander la main de notre fille, tu pourrais **lui** dire tout simplement «oui», sans **lui** baiser la main en l'appellant «Notre sauveur».*

---

1 Als konjugiertes Verb wird hier sowohl die einfache (z. B. *j'irai*) als auch die mit *avoir* und *être* zusammengesetzte Form (z. B. *je suis allé,e*) verstanden.

Les pronoms personnels

Lettre reçue au courrier du cœur: «Je l'aime, elle m'aime. Nos parents sont d'accord. Que faire?»

Un cannibale et son jeune fils observent un safari. Parmi les chasseurs se trouve une très jolie femme.
– Papa, propose le petit, on l'enlève et on la mange?
– Non, répond le père, on l'enlève et on mange maman!

– Dis, maman, qu'est-ce que c'est une tante?
– Demande à ton père. Elle te le dira.

Un père appelle sa fille et lui annonce:
– Ma chérie, une bonne nouvelle: Pierre vient de me demander ta main et je la lui ai accordée.
– Mais, proteste-t-elle, est-ce que tu as oublié maman? Je ne peux pas la quitter.
– Pas de problème. Tu l'emmèneras avec toi.

Un vieux juge dit à un de ses amis:
– Nous avons condamné trois hommes à mort, ce matin. Et, croyez-moi, il y en avait deux qui le méritaient bien.

Deux pères et deux fils entrent dans un restaurant et commandent des biftecks. Le garçon leur en apporte quatre. Ils en mangent un chacun. Pourtant, à la fin du repas, il en reste un. Comment est-ce possible? Un des dîneurs était à la fois le père de l'un et le fils de l'autre. Cela ne faisait donc que trois dîneurs.

Die Objektpronomen

Machen Pronomen sich zu zweit
Vor konjugierten Verben breit,
Wenden wir alsdann
Die «Fußballregel» an:

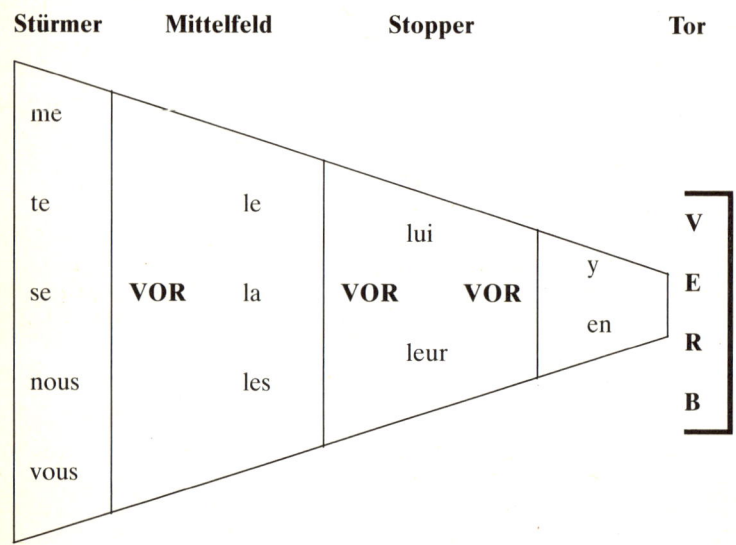

Da **Stürmer** und **Stopper**, diese beiden,
Sich auf den Tod nicht können leiden,
Kann man sie **nicht kombinieren**,
Soll das Sprachspiel harmonieren.

Les pronoms personnels

Deux jeunes secrétaires sont devant la cage des gorilles. La première dit à l'autre:
– Ils sont formidables, non? Il **ne leur manque que** l'argent.

– Chéri, dit une femme à son mari, c'est vrai que tu veux coucher avec la nouvelle fille au pair?
– Bien sûr que non!
– Alors, **ne le lui dis pas** tout le temps, cela l'inquiète.

Un vieil homme, très malade, consulte un éminent professeur qui ne voit qu'une solution: l'opération.
– Mais, au moins, demande le malade, pensez-vouz que je pourrai survivre à cette opération?
– Bien sûr, dit le professeur, mais je **ne vous le conseille pas.**

– Tu aimes aller à l'école? demande une dame à un gamin.
– Oui! répond-il, j'aime **y** aller. J'aime bien **en** revenir. La seule chose qui m'embête, c'est tout le temps que je passe entre les deux.

Au courrier arrive une lettre du fils de la maison qui fait ses études à Paris.
– Chéri, dit la mère, tu veux que je **te la** lise?
– Non, pas la peine, répond le père en sortant son portefeuille. Dis-moi seulement combien il **nous** demande de **lui** envoyer.

Die Objektpronomen

2. Der Satz enthält ein konjugiertes Verb + Infinitiv

Wo hat das Pronomen seinen Platz
Bei mehr als einem Verb im Satz?
Vor Infinitive setzt man es hin,
So ist es logisch, so macht es Sinn.

*Je crois **le** comprendre.*
*Je crois pouvoir **le** comprendre.*

Der Sinn ist: **es verstehen**
und nicht: **es können; es glauben**

Deux jeunes gens font des projets d'avenir:
*– Oh! mon amour! dit le garçon, je veux **vous épouser.***
– Mais . . ., répond la jeune fille . . . vous avez déjà parlé à mon père et à
ma mère?
*– Oui, je les ai vus. Mais **je veux** quand même **vous épouser.***

Les pronoms personnels

Une mère cannibale dit à son fils qui se tient mal à table:
– Combien de fois **devrais**-je **te répéter** qu'il ne faut pas parler avec quelqu'un dans la bouche.

– Papa, demande un petit garçon, combien y a-t-il de sortes de lait?
– Voyons… le lait ordinaire, le lait écrémé, le lait condensé, le lait… Mais pourquoi me demandes-tu cela?
– Parce qu'à l'école on doit dessiner une vache. Alors je voulais savoir combien **devrais**-je **lui mettre** de pis.

Le petit Paul raconte à sa mère qu'il a fait un rêve terrible:
– J'étais dans un bateau sur un lac. Le bateau a chaviré et je suis tombé à l'eau.
– J'espère que tu n'as pas eu trop peur.
– Non, mais je **voulais te demander:** est-ce qu'après ça, je **dois** quand même **me laver**.

Le vrai xénophobe est celui qui déteste à ce point les étrangers que, lorsqu'il va dans leur pays, il **ne peut pas se supporter**.

Raymond Devos

L'argent n'achète pas la santé, mais vous **pouvez** au moins **vous offrir** de jolies infirmières pour **la faire revenir**.

Die Objektpronomen

Wissen will der Spezialist,
Was Ausnahme zur Regel ist:

1. Die Stellung der Pronomen bei *faire* und *laisser*

Die Objektpronomen stelle man
Dem **ersten** Verb im Satz voran.

2. Die Stellung der Pronomen bei Verben der Sinneswahrnehmung

écouter	zuhören	*entendre*	hören
regarder	betrachten	*voir*	sehen
sentir	fühlen und:	*envoyer*	schicken

Ein Pronomen wird plaziert
Vor das Verb, das konjugiert.
Zwei Pronomen, je nach Sinn,
Kommen vor die Verben hin,
Auf die sie logisch sich beziehn.

– *Que veux-tu pour ton anniversaire? demande-t-on à un petit gourmand.*
– *Une énorme boîte de chocolats, et que tu invites mon copain Bruno pour qu'il* **me regarde les manger***.*

Les pronoms personnels

Un monsieur arrête un taxi et il dit au chauffeur:
– Je veux que vous **me** fassiez **faire** le tour du quartier.
Je ne sais plus où j'ai garé ma voiture.

Le meilleur moyen de retenir quelqu'un est de **lui laisser croire** qu'il est libre.

Comtesse Diane

Pour être heureux en ménage, il faut faire deux concessions aux femmes: d'une part **leur faire croire** qu'elles portent la culotte, et d'autre part **la leur laisser porter**.

Francis Blanche

Il y a des femmes qu'on ne devrait jamais épouser soi-même. On devrait **les laisser épouser** par ses amis.

Alfred Capus

A Paris, un homme tout essoufflé questionne un agent:
– Je cherche un camion de singes. Vous ne **l'avez pas vu passer**?
– Pourquoi, demande le policier, vous en êtes tombé?

Un Écossais achète, tous les jours, pour son chat, un minuscule morceau de viande. Un matin, il ne le fait pas. Le boucher s'étonne.
– Pas de viande pour le chat, aujourd'hui?
– Non, fait l'Écossais, ce serait superflu. Il a attrapé une mouche et je **l'ai vu l'avaler**.

Les pronoms personnels
TEST

Wählen Sie die richtige Lösung!

1. Pour lutter contre l'inflation, il n'y a qu'une seule solution: ne pas donner d'argent à ceux qui **le** dépensent et _____ à ceux qui **le** conservent.

Wollinski

   a) ne le prendre pas   b) ne pas le prendre   c) ne le pas prendre

2. N'empruntez jamais de l'argent à un optimiste. Il serait capable de s'attendre à ce que vous _____.

   a) le lui rendiez   b) lui le rendiez   c) le le rendiez

3. Les Sud-Africains sont tellement racistes que lorsque, dans un bar, ils demandent un Black and White on _____ sert dans deux verres différents.

   a) lui le   b) le leur   c) leur le

4. – Comment as-tu fait pour avoir un chien? demande le petit Pierre à son ami René.
   – C'est très simple, explique René. Si tu demandes un chien à tes parents, ils _____ refusent. Alors moi, j'ai pleuré en disant que je voulais un petit frère. En m'achetant un chien, ils ont été heureux de s'en tirer à si bon compte.

   a) la te   b) le te   c) te le

5. Deux puces sortent du cinéma et il _____ qui dit à l'autre:
   – On rentre à pied ou on prend un chien?

   a) il y en a une   b) il en y a une   c) il y a une

Les pronoms personnels
Vocabulaire

baiser la main à qn	jemandem die Hand küssen
notre sauveur	unser Retter
recevoir une lettre	einen Brief erhalten
le courrier du cœur	der Kummerkasten
le chasseur	der Jäger
enlever qn	jemanden entführen
une tante	hier: eine Tunte
accorder qc à qn	jemandem etwas geben, zugestehen
emmener qn	jemanden mitnehmen
le juge	der Richter
condamner à mort	zum Tode verurteilen
mériter qc	etwas verdienen
la cage	der Käfig
il lui manque l'argent	es fehlt ihm das Geld
coucher avec qn	mit jemandem schlafen
inquiéter qn	jemanden beunruhigen
un éminent professeur	ein berühmter Professor
survivre à une opération	eine Operation überleben
conseiller qc	etwas raten, empfehlen
cela m'embête	das stinkt mir
au courrier	in, mit der Post
faire ses études	studieren
(ce n'est) pas la peine	hier: schon gut
les projets d'avenir	die Zukunftspläne
épouser qn	jemanden heiraten
se tenir mal à table	sich bei Tisch schlecht benehmen
la bouche	der Mund
le lait écrémé	die entrahmte Milch
le pis	die Zitze
faire un rêve	träumen
chavirer	kentern
le xénophobe	der Fremdenfeind
détester à ce point	so sehr verabscheuen

se supporter	sich selber ertragen
l'anniversaire (m.)	der Geburtstag
le copain	der Freund
garer la voiture	das Auto parken
porter la culotte	die Hosen anhaben (i. d. Ehe)
essoufflé,e	außer Atem
le camion	der Lastwagen
le singe	der Affe
minuscule	winzig
superflu,e	überflüssig
attraper une mouche	eine Fliege fangen
avaler	verschlucken
dépenser	ausgeben
conserver de l'argent	Geld sparen
emprunter de l'argent	sich Geld borgen
la puce	der Floh
rentrer à pied	nach Hause gehen
refuser qc	etwas abschlagen, verweigern
s'en tirer à bon compte	billig davonkommen

Die Angleichung des Partizip Perfekts

L'accord du participe passé

NON, MONSIEUR LE PRÉSIDENT, S'ÉCRIE L'ACCUSÉ. JE VOUS JURE QUE JE N'AI PAS ÉTRANGLÉ MA FEMME. ELLE EST SEULEMENT MORTE D'ÉMOTION QUAND JE L'AI PRISE A LA GORGE.

Die Angleichung des Partizip Perfekts

1. Das Partizip mit être

Drei Verbgruppen sind zu nennen,
Die wir mit *être* bilden können.
Sie richten sich formal
In **Geschlecht** und **Zahl**
Nach ihrem **Sinnsubjekt**.

1. Die être-Verben	**2. Reflexive Verben**[1]
Elle est partie.	*Elles s'en sont allées.*
Elle est née en 1972.	*Elle s'est doutée du danger.*
(siehe auch S. 13 ff)	*Nous nous sommes promenés.*

3. Passiv

La maison a été construite.

Ist Reflexivpron. = indir. Objekt, wird Partizip nicht verändert.

jmdn. sprechen:	*parler à qn*	*Ils se sont parlé.*
jmdm. schreiben:	*écrire à qn*	*Ils se sont écrit.*
jmdm. ähneln:	*ressembler à qn*	*Ils se sont ressemblé.*

---

1 Besondere Fälle siehe S. 144

L'accord du participe passé

Deux jeunes filles bavardent:
– Alors, fait l'une, **tu es sortie** avec ce garçon?
– Oui, **nous sommes allés** au restaurant et il m'a raccompagnée jusqu'à ma porte.
– Et il t'a embrassée?
– Oui, mais **je me suis débattue**.
– Beaucoup?
– Oh! Juste assez pour qu'il soit persuadé de m'avoir embrassée contre ma volonté.

Lu dans un journal des Hautes-Alpes:
«Mlle Dubois, qui roulait à bicyclette, **a été renversée** par un automobiliste et légèrement **blessée** à un endroit particulièrement pittoresque mais dangereux à fréquenter.»

–Vois-tu, confie une dame à une amie, en dix ans de mariage, **je** ne **me suis** pas **disputée** une seule fois avec mon mari.
– Sans doute que **vous** n'**étiez** pas **faits** l'un pour l'autre.

Dans une station balnéaire, deux cigognes **sont perchées** sur un toit.
Après **s'être parlé** pendant un bon moment, l'une d'elles remarque:
– L'hiver viendra tôt cette année. Les touristes **sont partis** plus tôt que d'habitude.

Pour une femme, il y a deux sortes de secrets: ceux qui ne sont pas assez intéressants pour **être gardés**, et ceux qui sont trop intéressants pour ne pas **être communiqués** aux amis.

Die Angleichung des Partizip Perfekts

2. Das Partizip mit *avoir*

Geht *objet direct*
Dem Partizip **voran**,
Gleicht Partizip Perfekt
Sich diesem Objekt an.

Geht es dem Partizip voraus,
Sieht das *objet direct* so aus:

a) Relativpronomen: *que, qu'*

*Il y a des **bêtises** que j'ai fait**es***
pour avoir le plaisir de les raconter.
Sacha Guitry

b) Objektpronomen: *le, la, l', les, nous, vous*

La méningite – on en meurt ou on en reste idiot.
*Et je sais de quoi je parle, je **l**'ai eu**e**.*
Mac-Mahon

c) Fragepronomen: *lequel, laquelle, lesquels, lesquelles*

La femme: *J'ai vu deux belles robes.*
Le mari: ***Laquelle** as-tu achet**ée**?*
La femme: *Les deux.*

d) Substantiv in Frage- und Ausrufesätzen

***Que** de **fautes** tu as fait**es**!*
***Combien de fautes** as-tu fait**es**?*

L'accord du participe passé

Un milliardaire américain téléphone à sa maîtresse:
– Chérie, la Ferrari et le Picasso **que** je t'**ai envoyés**, tu **les a** bien **reçus**?
– Je crois que oui, répond la fille. Mais quelle est la Ferrari et quel est le Picasso?

Une jeune fille parle avec admiration à une amie de son fiancé:
– Deux choses **m'ont charmée** en lui: il a les yeux bleus de sa mère et l'Alfa Roméo rouge de son père.

Un Marseillais raconte à son ami:
– Hier, je rentre chez moi, plus tôt que d'habitude. Qu'est-ce que je trouve? Ma femme au lit avec un jeune homme.
– **Tu les as tués**?
– Non, tout de même pas. Mais à la façon dont **je les ai regardés**, ils ont bien vu que je n'étais pas content.

Deux collègues de bureau sont à la cafétéria. Le sujet de discussion du jour: leurs femmes.
– Ma femme a fait une diète terrible.
– **Laquelle a-t-elle faite**?
– Une diète qui a des résultats étonnants. Elle est à base de bananes, de papayes, de cerises . . .
– Et **combien de kilos a-t-elle perdus**?
– Aucun, mais elle est imbattable pour monter dans les arbres!

Avec une innocence très féminine, une conductrice interroge le motard qui vient de la faire stopper sur l'autoroute.
– Cette contravention . . . est-ce qu'elle annule **celle qu'**un de vos collègues m'**a donnée** ce matin?

Die Angleichung des Partizip Perfekts

Besondere Fälle

Reflexive **mit *objet direct*** bereiten
Uns meistens etwas Schwierigkeiten:
In diesen Fällen so verfahr
Wie beim Partizip mit *avoir*.

1. *objet direct* geht voran	2. *objet direct* steht danach
1. *Les lettres qu'* ils se sont écrit**es**.	
	2. *Ils se sont souvent écrit* *des lettres*.

Also:

Es **verändert** sich das **Partizip Perfekt**
Nur nach **vorangehendem *objet direct***.

Steht es danach und nicht voran,
Gleicht man das Partizip nicht an.

L'accord du participe passé

Un policier frappe à la porte d'une call-girl.
– Qu'est-ce que c'est? demande-t-elle.
– Police.
– N'entrez pas! Je suis en combinaison.
Une minute plus tard, elle crie, à travers la porte:
– Maintenant, vous pouvez entrer. Je **l'ai enlevée**.

Un jeune garçon va prendre sa leçon de piano.
– Tu **t'es lavé les mains**? lui demande sa mère.
– Oui, maman.
– Et les oreilles?
– Oui, maman. Enfin, celle du côté de mon professeur de piano.

Une femme interroge son mari qui rentre d'un séjour à Londres.
– Que buvais-tu, là-bas, au petit déjeuner: du thé ou du café?
– C'est **une question**, répond-il, **que je me suis posée** pendant tout
mon séjour.

Avec un humour typiquement britannique, l'acteur Alec Guiness explique ainsi comment il a pu vivre 50 ans avec la même femme:
– Mon épouse et moi, nous avons eu la prudence de glisser, dans notre contrat de mariage, une clause qui empêche bien des disputes.
Nous nous sommes mutuellement **interdit les cadeaux de Noël**.

L'accord du participe passé
TEST

Setzen Sie die angegebenen Verben ins Partizip (Formen Seite 30), und entscheiden Sie, ob eine Angleichung nötig ist!

1. Non, monsieur le Président, s'écrie l'accusé. Je vous jure que je n'ai pas _____ ma femme. Elle est seulement _____ d'émotion quand je l'ai _____ à la gorge.
   (**étrangler – mourir – prendre**)

2. – Ça s'est bien _____, l'épreuve du code? demande le moniteur à sa plus charmante élève.
   – Très bien. L'examinateur m'a _____ après m'avoir _____ une seule question.
   – Quelle question a-t-il _____?
   – «Vous êtes libre à dîner ce soir?»
   (**passer – recevoir – poser – poser**)

3. Un monsieur qui rentre chez lui, après sa journée de travail, entend sa femme qui appelle:
   – Allô, maman. Tu peux manger les champignons que papa a _____ hier, au cours de notre promenade en forêt. J'en ai _____ à Philippe, à midi, et apparemment, à voir avec quelle ardeur il vient de m'embrasser, il les a bien _____.
   (**ramasser – servir – digérer**)

4. Didier: Cette nuit, j'ai _____ que je faisais l'amour avec la plus belle fille que ...
   Anne: J'espère que pour une fois tu ne m'as pas _____ les cheveux.
   (**rêver – décoiffer**)

L'accord du participe passé
Vocabulaire

se douter de qc	etwas ahnen
bavarder	sich unterhalten
raccompagner qn	jemanden zurückbegleiten
se débattre	sich wehren
être persuadé	überzeugt sein
contre ma volonté	gegen meinen Willen
être renversé	umgefahren werden
légèrement blessé,e	leicht verletzt
particulièrement	besonders
un endroit pittoresque	ein hübscher Körperteil, ein malerischer Ort
fréquenter	auf-, besuchen
confier qc à qn	jemandem etwas anvertrauen
se disputer	sich streiten
sans doute	wahrscheinlich
la station balnéaire	der Badeort
la cigogne perchée sur un toit	der Storch auf einem Dach
un hiver	ein Winter
plus tôt que d'habitude	früher als gewöhnlich
garder le secret	das Geheimnis für sich behalten
communiquer qc	etwas mitteilen
la bêtise	die Dummheit
la méningite	die Hirnhautentzündung
on en meurt (mourir)	man stirbt daran
une admiration	eine Bewunderung
charmer qn	jemanden bezaubern
être imbattable	unschlagbar sein
une innocence	eine Unschuld
le motard	der Polizist (auf Motorrad)
la conductrice	die Fahrerin
la contravention	der Strafzettel
enlever la combinaison	den Unterrock ausziehen
se laver les mains	sich die Hände waschen
du côté de	auf der Seite von

interroger	befragen
le séjour	Aufenthalt
une épouse	Gattin
la prudence	die Klugheit, Vorsicht
glisser qc dans un contrat	etwas in einen Vertrag schreiben
la clause	die Klausel
empêcher des disputes	Streitigkeiten vermeiden
mutuellement	gegenseitig
interdire	verbieten, untersagen
le cadeau de Noël	das Weihnachtsgeschenk
un accusé	ein Angeklagter
jurer	schwören
une émotion	ein Gefühl, eine Erregung
la gorge	der Hals
étrangler	erwürgen
l'épreuve du code	die theoretische Führerschein-prüfung
le moniteur	der Fahrlehrer
un examinateur	ein Prüfer
recevoir qn	jemanden (bei einer Prüfung) durchkommen lassen
apparemment	offensichtlich
embrasser avec ardeur	leidenschaftlich küssen
ramasser	sammeln
digérer	verdauen
faire l'amour avec qn	mit jemandem schlafen
rêver	träumen
décoiffer les cheveux à qn	jemandes Frisur durcheinander-bringen

Der Imperativ

L'impératif

QUAND UNE FEMME VOUS DIT 'MON TRÉSOR'
TRADUISEZ: 'MON TRÉSORIER'.

Der Imperativ

Form:

Ausgangsformen:	2. Person Singular und Plural				
(tu) **parle** *(s)*	*(tu)*	**prends**	*(tu)*	**finis**	
(nous) **parlons**	*(nous)*	**prenons**	*(nous)*	**finissons**	
(vous) **parlez**	*(vous)*	**prenez**	*(vous)*	**finissez**	

Den Imperativ hat man im Nu,
Streicht man *tu, nous* oder *vous*;
Und dem **-er-Verb fehlt** sogar
Auch noch das **-s im Singular**.

–Madame Dupont, **ouvrez** la porte.
Un rouleau compresseur a écrasé votre chat.
– Bon. **Glissez-le** sous ma porte.

	Bejaht	Verneint
Forme simple	**Aide** ton père.	**Ne** pars **pas.**
Forme composée	**Ayez** fini demain.	**Ne** sois **pas** levé avant l'heure.

Un électricien entre dans la salle des
poumons d'acier d'un hôpital et dit:
– **Respirez** bien à fond, on va couper
l'électricité pendant quelques minutes.

L'impératif

Une jeune femme est en train de s'amuser avec son amant. Tout à coup elle entend quelqu'un à la porte.
– Mon mari! Vite, **saute** par la fenêtre.
– Mais chérie, on est au treizième étage!
– **Dépêche-toi**, imbécile, c'est pas le moment d'être superstitieux.

Dans un avion qui transporte des parachutistes pour les manœuvres, on appelle le capitaine:
– Capitaine, **venez** vite! Il y a Dupont qui va sauter sans parachute.
– Quoi! Encore!

Une mère inquiète téléphone au médecin:
– Docteur, **venez** vite. Mon fils a avalé mon stylo. Que dois-je faire?
– **Calmez-vous** et **écrivez** avec un crayon!

– Chère madame, dit le gynécologue, j'ai une bonne nouvelle à vous annoncer.
– **Ne m'appelez pas** madame. Je suis demoiselle.
– Ah bon! Alors, j'ai une mauvaise nouvelle à vous annoncer.

Robert: Moi, je n'ai jamais couché avec ma femme avant le mariage. Et toi?
Didier: Moi? **Attends** que je réfléchisse! **Rappelle-moi** son nom de jeune fille.

Der Imperativ

Einige wichtige unregelmäßige Formen:

avoir:	*aie*	*ayons*	*ayez*
être:	*sois*	*soyons*	*soyez*
savoir:	*sache*	*sachons*	*sachez*

*N'**ayez** pas de voisins si vous*
voulez vivre en paix avec eux.

Die Bedeutung des Imperativs

Er bedeutet, wenn man ihn **bejaht,**
Befehl, Wunsch, Einladung und Rat;
Verbot, wenn man ihn **verneint,**
Und **Warnung** – meistens gut gemeint:

Einladung:	*Asseyez-vous. Servez-vous. Entrez.*
Rat:	*Refusez cette offre. Croyez-moi.*
Wunsch:	*Dormez bien. Passez de bonnes vacances.*
Verbot:	*Ne touchez pas aux statues.*
Warnung:	*N'allez pas le contredire, il est dangereux.*

Aufforderungen an dritte Personen

1. Infinitiv:	*Ne pas **cracher** par terre.*	(Gruppen)
2. Subjonctif:	*Qu'il vienne.*	(Einzelperson)

L'impératif

Chez le dentiste, une maman supplie son petit garçon:
– **Sois** sage, Ludovic, **ouvre** la bouche et **fais** ‹Aah› pour que le docteur puisse retirer sa main.

Conseil aux jeunes maris:
Soyez patients. **Laissez** parler votre femme. Ne la **contredisez** pas. Elle finira par se contredire elle-même.

Un gamin à sa fenêtre tire la langue à un régiment de soldats qui passe.
– **Ne sois pas** insolent avec ses jeunes gens, lui dit sa mère. Parmi eux, il y en a un qui est ton père et une bonne cinquantaine qui pourraient l'être.

– Mon cher ami, dit le docteur à son patient, **méfiez-vous! Arrêtez** de boire! L'alcool tue lentement.
– Alors, je m'en fous! Je ne suis pas pressé.

– Docteur, je voudrais vivre vieux. Donnez-moi un conseil.
– C'est facile. **Ne buvez plus** d'alcool, **ne fumez plus** de cigarettes et **ne courez plus** les jeunes filles... Voilà tout.
– Et cela va prolonger ma vie? Vous êtes sûr, docteur?
– Mais oui, mon vieux. En tout cas, la vie vous semblera plus longue.

Der Imperativ

Die Stellung der Objektpronomen

1. Der verneinte Imperativ

Pronomen haben ihren Platz
Wie im ganz normalen Satz.

1. Aussagesatz, 2 Objekte:	*Tu montres les photos à mon ami.*
2. Objekte werden ersetzt:	*Tu **les lui** montres.*
3. **Verneinter Imperativ:**	*Ne **les lui** montre pas.*

2. Der bejahte Imperativ

Die Objektpronomen hängen sich
Hinter das Verb mit Bindestrich.

1. Aussagesatz, 2 Objekte:	*Montre les photos à Pierre.*
2. **Ein Objekt** wird ersetzt:	*Montre-**les** à Pierre.*
3. **Beide Objekte** ersetzt:	*Montre-**les-lui**.*

Besonderheiten beim bejahten Imperativ:

1. *Me, te* werden zu ***moi, toi.*** Direkte (*le, la, les*) stehen **vor indirekten** Objektpronomen (z. B. *moi, toi*).
2. Indirekte Objektpronomen (*moi, toi* etc.) dürfen nur mit *le, la, les* kombiniert werden:
   *Présentez-**les-moi.*** Aber:
   *Présentez-**moi à eux.***
3. *En* und *y* stehen am Ende: *Donne-m'**en**. Va-t'**en** (va**s-y**).*

L'impératif

Si votre femme est insupportable, **ne la punissez pas** tout de suite! **Achetez-lui** un nouveau chapeau ravissant et **enfermez-la** dans une pièce où il n'y a pas de miroir.

–**Donne-moi** un conseil, dit un millionnaire à son ami. Je voudrais épouser une danseuse de 18 ans, et moi j'en ai 65. Est-ce que je peux lui faire croire que j'en ai 45?
– **Ne lui dis pas** que tu en as 45. Non, **dis-lui** plutôt que tu en as 95...

Une Chinoise va consulter un gynécologue très connu à Paris et lui explique:
– Docteur, aidez-moi, s'il vous plaît. Après sept ans de mariage, je n'ai toujours pas d'enfant.
– **Ne vous en faites pas,** madame, dit le médecin. **Déshabillez-vous** et **allongez-vous** sur cette table.
– Mais... balbutie sa patiente, j'aurais préféré que ce soit un petit Chinois.

Un célèbre psychiatre reçoit un coup de téléphone:
– Docteur, c'est affreux. Depuis deux jours mon mari se prend pour un cheval. Il ne mange plus que de l'avoine.
– Madame, c'est grave. **Amenez-le-moi** tout de suite.
– D'accord, docteur. Juste le temps de le seller.

Un riche producteur de vin va voir le pape pour lui demander de changer la formule de la prière:
«**Donnez-nous** aujourd'hui notre *pain* quotidien» pour «**Donnez-nous** aujourd'hui notre *vin* quotidien.»
Le pape appelle son secrétaire et lui demande:
– **Dites-moi**, quand est-ce que notre contrat avec les boulangeries de Rome se termine?

L'impératif

TEST

Setzen Sie die richtige Lösung in die Lücke!

1. Prière d'un petit garçon:
   Petit Jésus, donnez aux petits enfants qui ont faim ma soupe, mes
   épinards, mes carottes... Mais _____ tous les desserts.
   a) me laissez   b) laissez-me   c) laissez-moi

2. Un aveugle devant l'église:
   – _____ pitié, messieurs dames, d'un homme qui a douze enfants.
   Le curé s'approche et lui demande:
   – **Dites-moi,** comment se fait-il que vous ayez fait douze enfants?
   – Ben! répond l'infirme. Si vous croyez que je vois ce que je fais.
   a) Ayez   b) Avez   c) Aies

3. Si vous voulez que votre femme ne fume plus, _____ que c'est
   mauvais pour sa santé. **Dites-lui** plutôt que les cigarettes la feront
   grossir.
   a) Ne la disez pas;   b) Ne lui dites pas;   c) Ne dis-lui pas.

4. Quand une femme vous dit ‹Mon trésor› _____: ‹Mon trésorier›.

   Jean Marsac

   a) traduites   b) traduisez   c) traduis

5. Madame à son mari:
   – Chéri, _____ sur le menton.
   – Lequel?
   a) m'embrasse   b) embrasses-moi   c) embrasse-moi

156

L'impératif
Vocabulaire

le rouleau compresseur	die Dampfwalze
écraser	überfahren
le chat	die Katze
glisser	durchschieben
le poumon d'acier	die eiserne Lunge
respirer à fond	tief durchatmen
couper l'électricité	den Strom abstellen
tout à coup	plötzlich
sauter	springen
se dépêcher	sich beeilen
un imbécile	ein Dummkopf
superstitieux, -euse	abergläubisch
le parachutiste	der Fallschirmspringer
le capitaine	der Hauptmann
inquiet, -ète	unruhig
avaler	verschlucken
le stylo	der Füller
le crayon	der Bleistift
annoncer une nouvelle	eine Neuigkeit ankündigen
coucher avec qn	mit jemandem schlafen
réfléchir	überlegen
le voisin	der Nachbar
en paix	in Frieden
supplier	anflehen
le conseil	der Rat(schlag)
patient,e	geduldig
contredire	widersprechen
le gamin	der Schlingel, Bengel
tirer la langue	die Zunge herausstrecken
insolent,e	frech
se méfier de	sich in acht nehmen
je m'en fous	das ist mir egal
être pressé	es eilig haben
prolonger	verlängern

sembler	scheinen
insupportable	unerträglich
punir	bestrafen
le chapeau,x	der Hut
ravissant,e	entzückend
le miroir	der Spiegel
plutôt	eher
le, la Chinois,e	der Chinese, die Chinesin
consulter	zu Rat ziehen
ne vous en faites pas	machen Sie sich keine Sorgen
se déshabiller	sich entkleiden, ausziehen
s'allonger	sich hinlegen
balbutier	stammeln, stottern
affreux, -euse	schrecklich
le cheval, -aux	das Pferd
l'avoine (m.)	der Hafer
seller	satteln
le pape	der Papst
la prière	das Gebet
quotidien,ne	täglich
la boulangerie	die Bäckerei
les épinards (m.)	der Spinat
un aveugle	ein Blinder
avoir pitié	Mitleid haben
le curé	der Pfarrer, Priester
un infirme	ein Behinderter
la santé	die Gesundheit
faire grossir	dick machen
le trésor	der Schatz
le trésorier	der Schatzmeister, -verwalter
le menton	das Kinn
embrasser	küssen

Die Verneinung

La négation

SI LES HOMMES NE COMMETTAIENT JAMAIS D'ERREURS, LES FEMMES SERAIENT TOUTES CÉLIBATAIRES.

Die Verneinung

1. Formen

Meist müssen zum Verneinen
Zwei Elemente sich vereinen.

ne ... pas	nicht	*ne ... aucun, e*	keiner
ne ... rien	nichts	*ne ... jamais*	niemals
ne ... plus	nicht mehr	*ne ... personne*	niemand
ne ... guère	kaum	*ne ... que*	nur

A Genève un Noir est assis sur un banc.
  – *Je parie que vous **n'**êtes **pas** d'ici! dit une dame en souriant.*
  – *Exact. Je suis de Lausanne.*

Man kann auch zum Negieren
Die Negationen kombinieren.

ne ... plus jamais	niemals mehr
ne ... plus personne	niemand mehr
ne ... pas encore	noch nicht
ne ... nulle part	nirgends
ne ... pas un seul	kein einziger

La négation

Dans un restaurant à Berlin, fréquenté par les espions et les contre-espions de toutes les nations, un client appelle le garçon:
– Vous m'avez servi trois boulettes de viande hachée, mais je **n'**arrive **pas** à couper la troisième!
– Normal, dit le garçon, la troisième, c'est le microphone.

– Allô, allô, dit le commissaire de police, bonne nouvelle, nous avons retrouvé votre femme.
– Bravo, répond son correspondant. Et qu'a-t-elle dit?
– Elle **n'**a **rien** dit du tout.
– Ah! Alors, ce **n'**est certainement **pas** ma femme.

Si les hommes **ne** commettaient **jamais** d'erreurs, les femmes seraient toutes célibataires.

Rentré d'un voyage d'affaires à Rio de Janeiro, un jeune cadre rapporte au directeur de l'entreprise:
– Et en ce qui concerne la vie culturelle, il **n'**y a **rien** que des prostituées et des footballeurs.
– Attention, jeune homme, tonne le chef, ma femme est de Rio!
– Euh, euh . . . elle jouait dans quelle équipe?

Il **n'**y a **que** deux sortes de personnes qui ne peuvent commettre deux fois la même erreur: les parachutistes et les jeunes filles.

Die Verneinung

2. Stellung der Negationspartikel

Verneinung konjugierter Verben

Die Teile der Verneinung stehen getrennt:
Ne vor dem **Verb, danach** das **zweite Element**.

Verneinung eines Infinitivs

Wenn Verben in der Grundform stehen,
Ihnen beide Elemente vorangehen.

Wo stehen die Objektvertreter?

Objektvertreter, **y** und **en** erscheinen
Direkt **vor dem Verb**, das wir verneinen.

me	Objekt-vertreter, y, en	Verb (Hilfsv. 1)	*plus pas, rien*	*ne*	*plus pas rien*	Objekt-vertreter, y, en	*Infinitiv*

Anmerkungen:

1. In zusammengesetzten Zeiten stehen die Elemente vor und hinter dem konjugierten **Hilfsverb**.
2. *ne ... personne* umschließen Hilfsverb **und Partizip**. Vergleiche:
   *Je **n'ai rien** vu.* Aber:
   *Je **n'ai** vu **personne.***

La négation

Gentleman, c'est le nom qu'une jeune fille donne à un jeune homme qui **ne l'**a **pas encore** emmenée au cinéma.

Lu à la devanture d'un café de campagne:
«Nous **n'**avons **pas encore** de télévision. Mais nous avons de la bagarre tous les soirs.»

Un petit garçon arrive de l'école en disant:
– Maman, j'ai appris un gros mot. C'est . . .
– Chut! fait sa mère. Voilà deux francs pour que tu **ne le** répètes **jamais plus**, ce vilain mot!
Deux jours plus tard, l'enfant arrive en criant:
– Maman! maman! j'ai appris un autre gros mot qui vaut au moins 50 francs.

Aujourd'hui il **n'y a plus que** deux sortes de piétons: Les rapides et les morts.

Jean Rigaux

Un cannibale confie au sorcier de sa tribu:
– Mon petit garçon m'inquiète. Il manque d'appétit. Voilà bien trois jours qu'il **n'**a mangé **personne**.

Au moment où le chirurgien va l'endormir, le patient profite de sa dernière minute de lucidité pour lui demander:
– Vos gants de caoutchouc, c'est pour **ne pas** laisser d'empreintes digitales?

La négation
TEST

Suchen Sie zu den Negationen den passenden Text!
ne ... rien; personne ne; ne ... que;
ne ... jamais/ne pas; ne ... personne; n' ... pas/n' ... qu'.

1. Entre Adam et Eve, la conversation était parfois difficile: ils
   _____ pouvaient parler de _____.

2. A la caserne on _____ fait _____, mais on le fait très tôt et
   ensemble.

   Jacques Deval

3. Brigitte va à l'église pour se confesser:
   – Mon père, j'ai péché. Je me regarde dans le miroir plusieurs fois
   par jour et je me trouve très belle.
   – Mon enfant, ce _____ est _____ un péché, ce _____ est
   _____ une erreur.

4. L'expérience ressemble aux cure-dents: _____ veut s'en servir
   après vous.

   Roland Dorgeles

5. Le singe est beaucoup plus intelligent que les hommes: il _____ a
   _____ voulu parler pour _____ être obligé de travailler.

   Roger de Beauvoir

6. La poule _____ est _____ un moyen d'un œuf de faire un autre
   œuf.

   Samuel Butler

La négation
Vocabulaire

un Noir	ein Neger
être assis,e	sitzen
parier que	wetten, daß
en souriant	lächelnd
fréquenter	besuchen
le correspondant	Gesprächsteilnehmer
commettre une erreur	einen Fehler machen
être célibataire	unverheiratet sein
rapporter	berichten
en ce qui concerne la vie cultu-relle	was das kulturelle Leben be-trifft
tonner	grollen, donnern
le parachutiste	der Fallschirmspringer
emmener au cinéma	ins Kino mitnehmen
lu à la devanture	hier: Schild am Fenster
la bagarre	die Schlägerei
un gros mot	ein Schimpfwort, Fluch
chut!	psst!
vilain,e	häßlich, böse, gemein
il vaut	es kostet, es ist wert
le piéton	der Fußgänger
rapide	schnell
confier	anvertrauen
le sorcier	der Zauberer
la tribu	der Stamm
inquiéter	beunruhigen
manquer d'appétit	keinen Appetit haben
endormir qn	jemanden unter Narkose setzen
la lucidité	hier: Bewußtsein
le gant	der Handschuh
une empreinte digitale	ein Fingerabdruck
se confesser	beichten

le péché	die Sünde
l'expérience (f.)	die Erfahrung
ressembler	ähneln
le cure-dent	der Zahnstocher
le singe	der Affe
être obligé de faire	etwas tun müssen
la poule	die Henne
le moyen	das Mittel
un œuf	ein Ei

Un père a acheté un énorme chien pour son petit garçon.
– Dis papa, demande l'enfant, il est pour moi ou je suis pour lui?

Deux dactylos discutent:
– Qu'est-ce qu'il est beau, le patron!
– Oh oui. Et qu'est-ce qu'il s'habille bien!
– Oh oui. Et qu'est-ce qu'il s'habille vite!

Der Relativsatz

La proposition relative

L'AMOUR PLATONIQUE EST UN REVOLVER **DONT ON FAIT SEMBLANT D'IGNORER** QU'IL EST CHARGÉ.

Der Relativsatz

Was ist ein Relativsatz?

Erklärt der Nebensatz einen Begriff,
Sei es Pronomen oder Substantiv,
Dann nennen wir ihn ‹relativ›.

Un alcoolique, c'est un homme
qui boit plus que son médecin.

Wie erkennt man einen Relativsatz?

Man kann es meistens daran sehen,
Daß diese Wörter vor ihm stehen:

qui; que; dont; lequel,
laquelle, lesquels, lesquelles.

Wo steht der Relativsatz?

Weil er ein Bezugswort definiert,
Wird er direkt hinter dies plaziert;
Nach seinem Beziehungswort
Ist der logisch richt'ge Ort.

La proposition relative

Un gentleman est un homme **qui sait jouer de la trompette** et **qui ne le fait pas**.

Le fou n'est pas l'homme **qui a perdu la raison**, mais celui **qui a tout perdu, excepté la raison**.

Chesterton

Un théologue est un aveugle **qui**, dans une pièce noire, **cherche un chat noir qui n'y est pas – et qu'il finit par trouver!**

Quand Churchill a rencontré Staline à Yalta, ils ont parlé de leurs loisirs.
«Moi, a dit Churchill, je collectionne les histoires drôles **que les gens se racontent à mes dépens**.»
«Tiens, a répondu Staline, moi, je collectionne les gens **qui en racontent à mon sujet**.»

L'amour platonique est un revolver **dont on fait semblant d'ignorer** qu'il est chargé.

Somerset Maugham

La démocratie est un système merveilleux **dans lequel un homme est encore libre de faire ce que sa femme veut**.

Jean Rigoux

Der Relativsatz

Wie kommt ein Relativsatz zustande?

Hauptsätze miteinander zu verbinden,
Verlangt manchmal das Stilempfinden.

Satz 1	+	Satz 2
Un cannibale est un monsieur.		*Il aime son prochain avec de la sauce.*
Hauptsatz	+	**Relativsatz**
Un cannibale est un monsieur,		*qui aime son prochain avec de la sauce.*

Die Form des Relativpronomens

Subjekt	dir. Objekt	Ergänzung mit de	Präp. + Person
qui	*que*	*dont, de qui*	*avec, pour qui*

Es sind **Geschlecht** und **Zahl**
Bei **qui** [1] und **que** und **dont** egal.
Das Wort, auf das sie sich beziehn,
Sei maskulin, sei feminin,
Sei Einzahl oder Mehrzahl:
Nur eine Form in jedem Fall.

---

1 **que** wird vor Vokal zu **qu'**; **qui** wird nicht apostrophiert

La proposition relative

Pendant une réunion du gouvernement, un ministre se penche vers un autre ministre et lui glisse à l'oreille:
– Dites-moi, vous avez combien de fonctionnaires **qui travaillent pour vous?**
– Oh! Disons un sur dix.

L'auto-stoppeuse est une passagère **avec qui on sait quand on part, mais avec qui on ne sait jamais jusqu'où ça peut aller.**

Christian Vebel

Un cannibale rentre chez lui et demande à sa femme:
– Qu'est-ce qu'on mange ce soir?
– Un homme.
– Ah!... C'est quelqu'un **qu'on connaît**?

Un général très amoureux va chez son adjudant **dont il aime la fille** et lui dit:
– Euh, euh... donnez-moi la main de votre fille! C'est un ordre!

Henry Ford, le grand industriel, **dont le modèle Ford T s'est vendu en plus d'un million d'exemplaires** a dit le jour de ses noces d'argent:
– Le secret de mon bonheur conjugal est simple. C'est le même que pour vendre des autos: s'en tenir toujours au même modèle.

Der Relativsatz

Die Form des Relativpronomens *lequel*

Das Pronomen vertritt:	Singular		Plural	
	männlich	**weiblich**	**männlich**	**weiblich**
Präp. + **Sachen** (seltener Personen)	*auquel* *duquel*	*à laquelle* *de laquelle*	*auxquels* *desquels*	*auxquelles* *desquelles*

Lequel ist kompliziert,
Diese Form wird variiert.
Sie richtet sich formal
Nach dem Bezugswort aus.
Und gehen *à* und *de* voraus,
Wird oft ein einzig' Wort daraus.

Anmerkung:
Nach den Präpositionen **parmi, entre** (= **zwischen**) steht auch für Personen *lequel*.

Was tun, wenn das Bezugswort *tout* ist oder ganz fehlt?

Für alle diese Fälle
Tritt *ce* an seine Stelle.

Jésus vous aime, **ce qui est la preuve**
qu'il ne manque pas d'humour.

La proposition relative

L'argent est la dernière chose **à laquelle je pense – avant de m'endormir.**

L'âge de raison est l'âge **à partir duquel on peut avoir raison sans recevoir une gifle de ses parents.**

Noctuel

La dictature est un pays **dans lequel on n'a pas besoin de rester devant son poste de radio** toute une soirée pour apprendre le résultat des élections.

Ma femme adore tout **ce qui est raffiné.** Le sucre par exemple.

Un enfant de chœur se confesse:
– Mon père m'avait défendu d'aller dans les boîtes de nuit, à cause des femmes nues, mais j'y suis allé quand même.
– C'est très laid, dit le curé. Et naturellement, tu as vu **ce que tu ne devais pas voir?**
– Oui, mon père **qui était au premier rang.**

Le vieux curé a écouté la première confession que recueillait le jeune abbé. Et il lui dit **ce qu'il en pense:**
– C'est pas mal, mais quand cette dame vous a raconté **ce qu'elle avait fait dans sa nuit de noces**, vous auriez dû branler la tête et faire «tsss! tsss!» au lieu de siffler d'admiration.

La proposition relative
TEST

1. La dictature est une forme de démocratie **dans** _____ **tout**
   _____ n'est pas obligatoire est interdit.

   Léon Campion

2. Comment appelle-t-on un cannibale _____ a mangé son père et sa
   mère?
   Un orphelin.

3. Un pessimiste est quelqu'un _____ a vécu trop longtemps avec un
   optimiste.

4. – Maintenant que mes deux filles sont mariées, dit une dame, je me
   demande **chez** _____ de mes gendres je vais habiter. L'un me
   propose Lille, l'autre Toulouse.
   – Ils sont charmants vos gendres.
   – En fait, celui _____ habite Toulouse, me conseille d'aller à
   Lille, et celui _____ habite Lille me recommande chaudement
   Toulouse.

5. Comment, s'indigne un père, _____ la bonne vient de se confier.
   Mon plus grand fils vous a volé un baiser! Marie, vous faites bien de
   m'avertir. Je vais vous le rendre immédiatement.

La proposition relative
Vocabulaire

jouer de la trompette	Trompete spielen
le fou	der Verrückte
perdre la raison	den Verstand verlieren
excepté	außer, ausgenommen
les loisirs	Hobby
collectionner	sammeln
une histoire drôle	ein Witz
à mes dépens	auf meine Kosten
à mon sujet	über mich
faire semblant de	so tun, als ob
un revolver chargé	ein geladener Revolver
mon prochain	mein Nächster, Mitmensch
une réunion	eine Sitzung
se pencher vers	sich hinüberbeugen zu
le fonctionnaire	der Beamte
connaître	kennen
les noces d'argent	die Silberhochzeit
le bonheur conjugal	das Eheglück
s'en tenir à	sich beschränken auf
la preuve	der Beweis
manquer d'humour	keinen Humor haben
s'endormir	einschlafen
recevoir une gifle	eine Ohrfeige bekommen
un enfant de chœur	ein Chorknabe
la boîte de nuit	die Nachtbar
laid,e	häßlich, nicht schön
branler la tête	den Kopf schütteln
siffler	pfeifen
un orphelin	ein Waisenkind
s'indigner	sich entrüsten

Les hommes politiques
ont de l'humour

Lady Astor: Monsieur Churchill, si vous étiez mon mari, je
vous servirais du *poison*.
Churchill: Madame, si vous étiez ma femme, je le *boirais*.

Comment voulez-vous gouverner un pays qui a 246 *variétés de fromages*?

Charles de Gaulle

Dialogue entre Helmut Kohl et Heiner Geißler:
– Au fond, Heiner, tu es comme moi. Nous sommes tous les deux des hommes du 19e *siècle*.
– Oui, mon cher Helmut, mais moi, je m'en *éloigne*.

L'oubli de ses propres fautes est la plus sûre des absolutions.

Konrad Adenauer

Un candidat aux élections harangue la *foule:*
– Il faut en finir avec le capitalisme! Le capitalisme, c'est l'*exploitation* de l'homme par l'homme!
– Et le communisme? *lance* un *interrupteur*. Qu'est-ce que c'est le communisme?
– Le communisme, c'est le contraire.

---

le poison: Gift; **boire:** trinken; **la variété de fromages:** Käsesorte; **le siècle:** das Jahrhundert; **s'éloigner:** sich entfernen; **l'oubli (m.):** das Vergessen; **la foule:** Menge; **l'exploitation (f.):** Ausbeutung; **lancer:** rufen; **un interrupteur:** ein Zwischenrufer

Die Partizipien

Les participes

UN PARALYTIQUE SORTANT DE LA PISCINE BÉNIE A LOURDES: MIRACLE! MON FAUTEUIL **ROULANT** A DES PNEUS NEUFS!

Die Partizipien

Formen:

Partizipien sind formal
Adjektivisch **und** verbal.

1. Adjektivisch gebraucht:

Als Adjektive gleiche man
Sie immer dem Bezugswort an.

une soucoupe **volante**
les travailleurs **immigrés**

Participe présent:
Wird meist als **Aktiv** angesehen;
Participe passé:
Ist Zustand, **passives** Geschehen.

Participe présent wird relativ
Selten gebraucht als **Adjektiv.**
Ein **Relativsatz** steht an seiner Stelle
In der weitaus größten Zahl der Fälle.[1]

*Il y a trois sortes de personnes à qui on ne peut pas
demander du bon sens:*
>   – *un homme* ***qui aime,***
>   – *une femme* ***qui aime,***
>   – *une femme* ***qui n'aime pas.***

G. B. Shaw

---

1 Verkürzte Relativsätze siehe Seite 189 ff·

Les participes

Miracle! s'écrie le paralytique, **sortant** de la piscine **bénie** de Lourdes, mon fauteuil **roulant** a des pneus neufs!

Robert: Je suis très inquiet. Depuis trois jours je vois des soucoupes **volantes**.
Didier: Tu as vu l'oculiste?
Robert: Non, non. Pas l'oculiste. Des soucoupes **volantes**!

A la sortie du Kanzleramt, Helmut Kohl est abordé par une jeune fille qui, d'une voix **tremblante**, lui demande dix autographes:
– Et pourquoi dix? demande le chancelier Kohl très **flatté**.
– Oh! c'est parce que pour dix Helmut Kohl, on me donne un Udo Lindenberg.

Quelle est la différence entre E. T. et un travailleur **immigré**?
E. T. veut rentrer.

McTavish décolle les papiers peints de son appartement.
– Vous refaites la décoration? demande son voisin **étonné.**
– Non, je déménage.

Die Partizipien

2. Verbal gebraucht:

Diese Partizipien haben, wie wir sehen,
Eine Ergänzung nach sich stehen.

Une maternité de Rome porte cette pancarte à l'entrée:
*Droit de visite **réservé aux papas**.*
Pas plus d'un papa pour chaque patiente.

Partizipien können Nebensätze verkürzen:

Sie besetzen oft die Plätze
Ganz bestimmter Nebensätze.
Eine Übersichtstabelle
Finden Sie an dieser Stelle:
Seite 190

Achtung:

Verbal gebraucht, nimm den ***accord***
Nicht bei **Präsenspartizipien** vor.

Das **Perfektpartizip** jedoch
Verlangt den ***accord*** immer noch.

Les participes

Une femme **rentrant** de voyage plus tôt que prévu, trouve une rivale dans le lit de son mari. Elle se met à hurler et à injurier son mari. Celui-ci répond calmement:
– Arrête de hurler! Et regarde plutôt comment elle fait.

Rentrant chez lui, un mari trouve sa femme au lit avec un autre homme.
– Comment? s'écrie-t-il. Qui est cet homme?
– Mais au fond, c'est vrai, dit la femme en se tournant vers son amant. Quel est, Monsieur, votre nom?

Une pneumonie, dans le monde de Hollywood, c'est un bon rhume, **attrapé** par une vedette et **décrit** aux journalistes par un agent de publicité **connaissant** bien son métier.

Liz Taylor

En 1940 des archéologues soviétiques trouvent un très vieux squelette. **Pensant** qu'il s'agit du squelette de Gengis Khan, ils envoient un rapport à Staline. Un expert du KGB, **arrivé** de Moscou, l'examine. **Rentré** à Moscou, il présente le résultat de son enquête à Staline:
– Il n'y a aucun doute. C'est bien Gengis Khan.
– Comment pouvez-vous en être si sûr? demande le dictateur.
– Il a avoué, répond l'homme du KGB.

Les participes
TEST

Setzen Sie die Verben in Klammern in die richtige Form!

1. On vient d'amener à l'hôpital un homme grièvement **(blesser)**; les deux bras **(casser)**, une jambe **(plier)** en deux, la tête **(cabosser)**. Un médecin interroge le blessé:
   - Vous êtes **(marier)**?
   - Non, balbutie l'autre. C'est un accident de voiture.

2. Les petites villes, ce sont des endroits **(charmer)** où ce sont les voisins qui se chargent de surveiller votre femme.

3. Une femme **(décorer)** ne sera jamais une nudiste **(passionner)**.

4. La fidélité d'un mari, c'est l'adultère **(pratiquer)** exclusivement par imagination.

5. L'Angleterre et l'Amérique sont deux pays **(séparer)** par la même langue.

   G. B. Shaw

6. Une mère **(excéder)** par le bruit que font ses enfants, s'écrie:
   - C'est bientôt fini, ce tapage?
   - Sûrement pas, répond l'aîné des garnements. On joue à la Guerre de Cent Ans et on vient juste de commencer.

Les participes
Vocabulaire

la soucoupe volante	die fliegende Untertasse
le travailleur immigré	der Gastarbeiter
le bon sens	der gesunde Menschenverstand
le miracle	das Wunder
le paralytique	der Gelähmte
la piscine bénie	das geweihte Becken
le fauteuil roulant	der Rollstuhl
le pneu	der Reifen
un oculiste	ein Augenarzt
aborder qn	jemanden ansprechen
un autographe	ein Autogramm
flatter qn	jemandem schmeicheln
E. T.	der Außerirdische
décoller les papiers peints	die Tapeten abziehen
déménager	umziehen
la maternité	die Entbindungsklinik
la pancarte	das Hinweisschild
plus tôt que prévu	früher als vorgesehen
hurler	schreien
injurier	jemanden beleidigen
un amant	ein Liebhaber
la pneumonie	die Lungenentzündung
attraper un rhume	eine Erkältung bekommen
la vedette	der Star
grièvement blessé,e	schwer verletzt
cabosser	verbeulen
balbutier	stammeln
surveiller	überwachen
décorer qn	jemandem einen Orden verleihen
un adultère	ein Ehebruch
le garnement	der Lausejunge

Les Français en rient

Un *arbitre* de football va consulter une *voyante*.
– Je vous vois dans une grande *pelouse* verte, lui dit-elle, vous courez à gauche, à droite, en zig-zag, et derrière vous une *foule* énorme...
L'arbitre, devenu *pâle:*
– Est-ce que j'ai beaucoup d'*avance*?

Conversation dans un compartiment de train:
– Excusez-moi, monsieur, mais c'est *frappant* comme vous pouvez *ressembler* à ma sœur. A part la *moustache*, bien sûr.
– Mais je n'ai pas de moustache, monsieur.
– Mais elle, oui.

Un directeur de théâtre va engager un *comédien*.
– Et comment vous appelez-vous? lui demande-t-il.
– Je m'appelle Kohn.
– Kohn! Impossible! Vous ne pouvez pas *garder* ce nom-là. Il faut prendre un pseudonyme.
– Mais c'est déjà un pseudonyme.

Un ouvrier *se présente à l'embauche*. Il dit:
– Je voudrais travailler. J'ai une femme et onze enfants.
– Oui. Et qu'est-ce que vous savez faire d'autre?

---

un arbitre: Schiedsrichter; **la voyante:** Wahrsagerin; **la pelouse:** Rasen(platz); **la foule:** Menge; **pâle:** blaß; **une avance:** Vorsprung; **frappant:** erstaunlich; **ressembler à qn.:** jmdm. ähneln; **la moustache:** Schnurrbart; **le comédien:** Schauspieler; **garder:** behalten; **se présenter à l'embauche:** s. um eine Stelle bewerben

Partizip Präsens und Gerund

Le participe présent et le gérondif

TOUT LE MONDE PEUT SE TROMPER, DIT LE HÉRISSON **EN REDESCENDANT** DE LA BROSSE À CHEVEUX.

Partizip Präsens und Gerund

Form

Ausgangsform:	1. Person Plural Präsens		
Stamm	**pren**(ons)	**finiss**(ons)	**buv**(ons)
Part. Präsens	pren**ant**	finiss**ant**	buv**ant**
Gerund	**en** prenant	**en** finissant	**en** buvant

Comment couler un sous-marin belge?
***En frappant** à la porte.*

Den Ausgangsformen hänge man
a-n-t als Silbe an.
Für das Gerund stell'n wir dann
Dem Partizip ein ***en*** voran.

Gebrauch von Partizip Präsens und Gerund

Das **Partizip** spart recht viel Platz,
Ersetzt es doch manch Nebensatz[1];
Ist drum im Schriftverkehr von Nutzen,
Im Gespräch wird man es kaum benutzen.

Auf das **Gerund** hingegen trifft
Man nicht nur in der Schrift,
Auch in Gesprächen wendet man
Diese Form recht häufig an.

---

1 Siehe Verkürzung von Nebensätzen, Seite 189 ff

Le participe présent et le gérondif

Prenant le pouls de Harpo, Groucho Marx regarde sa montre et constate:
– Ou bien cet homme est mort, ou ma montre s'est arrêtée.

Dans un avion, un gosse se montre absolument épouvantable. Au bout d'une heure, une hôtesse, lui **saisissant** le bras, l'entraîne vers l'arrière et lui dit:
– Maintenant, mon petit bonhomme, tu vas jouer dehors.

Tout le monde peut se tromper, dit le hérisson **en redescendant** de la brosse à cheveux.

Un type entre dans un bar à Marseille et propose au patron de lui raconter une histoire drôle belge.
– Attention, mon gars, je suis Belge moi-même!
– Bon, alors je vais raconter cela **en parlant** très, très lentement.

Garçon: Comment avez-vous trouvé le bifteck?
Client: Tout à fait par hasard **en soulevant** une frite.

Le seul moment où une femme écoute attentivement ce que dit son mari, c'est lorsqu'il parle **en dormant**.

Robert: Est-ce que tu fumes **en faisant** l'amour?
Didier: Je ne sais pas. Je n'ai jamais regardé.

Partizip Präsens und Gerund
Vocabulaire

boire	trinken
nous buvons	wir trinken
couler un sous-marin belge	ein belgisches Unterseeboot versenken
frapper à la porte	an die Tür klopfen
prendre le pouls	den Puls fühlen
constater	feststellen, bemerken
le gosse	der Bengel
épouvantable	abscheulich
au bout de	nach Ablauf von
saisir le bras de qn	jemanden am Arm packen
entraîner qn	jemanden ziehen
le hérisson	der Igel
redescendre	wieder heruntersteigen
la brosse à cheveux	die Haarbürste
un type	ein Kerl
une histoire drôle	ein Witz
le gars	der Bursche
le Belge	der Belgier
soulever	hochheben
attentivement	aufmerksam
fumer	rauchen, qualmen
faire l'amour avec qn	mit jemandem schlafen

Die Verkürzung von Nebensätzen durch Partizipien und Gerund

Les propositions subordonnées

Die Verkürzung von Nebensätzen durch Partizipien und Gerund

Drei Verbformen dienen zum Ersetzen
Von Relativ- und andren Nebensätzen.
So vertreten Partizipien und Gerund
Häufig Bedingung, Zeit und Grund.
Auch Zugeständnis, Art und Weise können
Wir mit Gerund und Partizipien nennen.

Funktion des Nebensatzes	Partizip Präsens	Partizip Passé	Gerund
Kausal	da, weil		(selten)
Temporal Modal Konzessiv Konditional	nachdem, als, während, beim wobei, indem obwohl, wenn auch wenn, falls		
Bezugswort im Hauptsatz	*beliebiger Satzteil*		*Subjekt des Hauptsatzes*
Gebrauch[1]	*Schriftsprache*		*gespr. Sprache*

Relativsätze[1]:

Das **«qui»** in **Relativsätzen**
Kann nur ein Partizip ersetzen.

*Le stress est une dangereuse maladie **affectant** les hauts fonctionnaires **préférant** aller à la pêche.*

Ambrose Bierce

---

1 Vergleichen Sie bitte auch die Regeln auf Seite 186

Les participes et le gérondif

1. Kausale Nebensätze

Une jeune fille sort, pour la première fois de sa vie, avec un garçon.
Celui-ci l'emmène dans un bar et commande:
– Deux scotchs, s'il vous plaît.
Ne sachant pas ce qui se fait en une telle circonstance, elle dit timide-
ment au barman:
– Vous me donnerez la même chose.

Un vieux général adresse la parole à ses troupes:
– Quand les Allemands ne sont plus qu'à 100 mètres devant nos
lignes, vous pouvez vous retirer. Moi, **étant** un peu boiteux, je vais
partir tout de suite.

Un brave homme est assis chez le coiffeur qui lui fait la barbe. Voilà
trois fois que le client est coupé. Alors, **perdant** patience, il demande
au coiffeur:
– Donnez-moi aussi un rasoir, s'il vous plaît, que je puisse me défendre.

On sait que les éléphants boivent plus que les autres animaux. **Dotés**
d'une grande mémoire, ils doivent boire pour oublier.

– Mademoiselle Martin, dit le directeur **en arrachant** la blouse de sa
jeune et blonde secrétaire, vous avez commis une lourde erreur.
– **En vous demandant** une augmentation?
– Non. **En me la demandant** le premier jour de printemps.

Les participes et le gérondif

2. Temporale Nebensätze

Rentrée chez elle avec sa Rolls-Royce sérieusement cabossée, la femme d'un milliardaire a confessé son accident à son mari. Le mari, **ayant vu** dans quel état lamentable se trouvait la voiture, lui demande:
– Mais qu'est-ce qui s'est passé?
– Rien chéri, a-t-elle répondu, c'est un vélo qui m'est rentré dedans.
– Un vélo!! Mais combien de fois?

Deux petites filles bavardent **en revenant** de l'église.
– Tu crois vraiment, demande l'une, que le diable existe?
– Mais non, fait l'autre, c'est comme pour le père Noël – c'est toujours papa!

Deux généraux allemands sont allés voir le film «Mein Kampf» sur les crimes commis par le régime hitlérien. **En sortant** du cinéma, le premier a dit à l'autre:
– Le film, c'est beaucoup moins drôle que le livre.

3. Modale Nebensätze

Un riche prince arabe fait visiter son harem à un journaliste français. Au passage, le sheik jette son mouchoir à une jeune beauté, **la désignant** ainsi comme sa favorite pour la nuit suivante.
– Et les autres? demande le journaliste excité. Comment font elles?
– Eh bien, dit l'Arabe, elles se mouchent avec leurs doigts.

Les participes et le gérondif

Un professeur très distrait, allant à l'enterrement d'un collègue, s'intéresse plus aux plantes du cimetière qu'aux paroles du prêtre. Après l'enterrement, **perdu** dans les nuages, il demande à un membre de la famille:
– Alors, il n'y a vraiment plus d'espoir?

L'armée suisse n'a plus de régiment de parachutistes: les soldats n'arrivent pas à ouvrir leurs parachutes **en sautant** du train.

Brigitte vient de gagner un concours à la télévision. Le présentateur s'écrie:
– Mademoiselle, vous avez gagné une folle nuit avec une vedette de votre choix… Qui choisissez-vous?
– Euh… dit elle **en rougissant**… les Rolling Stones.

4. Konzessive Nebensätze

Comment se fait-il que tant d'enfants **étant** si intelligents, tant d'adultes soient si bêtes? Cela doit tenir à l'éducation.

Alexandre Dumas fils

La femme idéale est celle qui, **tout en étant** fidèle, est aussi gentille que si elle nous trompait.

André Roussin

Les participes et le gérondif

L'inflation, c'est quand vous vivez misérablement **en ayant les** revenus dont vous n'auriez jamais osé rêver dix ans plus tôt.

5. Konditionale Nebensätze

Un étudiant passe son examen d'anatomie.
– Pouvez vous me dire, demande le professeur, où se trouve l'appendice chez les hommes?
– À droite.
– Et chez les femmes?
– Euh...à...gauche!
– Vous en êtes sûr?
– Enfin, je veux dire à gauche **en entrant**.

6. Relativsätze

– Regarde! Ils passent un film porno au lieu du journal télévisé!
– Mais non, c'est Fidel Castro, **mangeant** une banane.

Les Belges ont mis au point une nouvelle méthode contraceptive:
Ils abattent les cigognes **surprises** à survoler leur pays.

Que signifient les lettres L. O. E. P. **gravées** sur la languette des chaussures **vendues** en Belgique?
Elles indiquent de quelle façon les chaussures doivent être enfilées:
Les **O**rteils **E**n **P**remier.

Les participes et le gérondif
TEST

**Übersetzen Sie die Nebensätze, indem Sie Gerund oder Partizip
verwenden!**

1. Eh bien, ça alors! dit ———— (indem sie wieder anzieht) son sou-
tien-gorge, une jeune cliente au vendeur d'un magasin de chaussures, je n'aurais jamais imaginé que vous pourriez deviner ma
pointure, simplement ———— (indem Sie messen) mon tour de poitrine et ———— (ihn dividieren) par trois...

2. ———— (da es sich nicht wohl fühlt), un mouton va consulter un
vétérinaire auquel il explique:
   – J'ai des insomnies.
   – Il y a un bon remède à cela, lui dit le vétérinaire. Chaque soir, au
moment de vous endormir, comptez donc des bergers.

3. Chez le dentiste, on voit entrer un garçon de 7 ans ———— (der
begleitet wird) d'un énorme chien.
   – Je vous préviens, dit-il ———— (indem er Platz nimmt), qu'à
chaque fois que je crie «Aïe», il mord.

4. La femme au bras d'un homme que tout le monde regarde est heu-
reuse. L'homme ———— (der hat) au bras une femme que tout le
monde regarde se sent ridicule.

Les participes et le gérondif
Vocabulaire

affecter	heimsuchen, befallen
le fonctionnaire	der Beamte
la pêche	das Angeln
commander	bestellen
en une telle circonstance	in einer solchen Situation
timidement	schüchtern
adresser la parole à qn	sich an jemanden wenden
se retirer	den Rückzug beginnen
boiter	hinken
brave	rechtschaffen, bieder
la barbe	der Bart
couper	schneiden
la patience	die Geduld
le rasoir	das Rasiermesser
doté,e de	ausgestattet mit
la mémoire	das Gedächtnis
arracher	zerreißen, herunterreißen
commettre une lourde erreur	einen schweren Fehler begehen
une augmentation	eine Gehaltserhöhung
le printemps	der Frühling
cabossé,e	verbeult
confesser	beichten
un état lamentable	ein beklagenswerter Zustand
bavarder	sich unterhalten, plaudern
le diable	der Teufel
le père Noël	der Weihnachtsmann
le crime	das Verbrechen
le cinéma	das Kino
jeter	werfen
le mouchoir	das Taschentuch
désigner	bezeichnen
la favorite	die Auserwählte
excité,e	erregt

se moucher	sich schneuzen
le doigt	der Finger
distrait,e	zerstreut
un enterrement	eine Beerdigung
le cimetière	der Friedhof
la plante	die Pflanze
le nuage	die Wolke
un espoir	eine Hoffnung
le parachutiste	der Fallschirmspringer
sauter	springen
le concours	der Wettbewerb
une folle nuit	eine aufregende Nacht
la vedette	der Star
le choix	die Wahl
rougir	rot werden, erröten
tant	so viele
un adulte	ein Erwachsener
bête	dumm
tenir à	liegen an
fidèle	treu
gentil,le	nett, freundlich
tromper	betrügen
misérablement	elend
les revenus (m.)	die Einkünfte
oser	wagen
un appendice	ein Blinddarm
au lieu de	anstatt
le journal télévisé	die (Fernseh-)Nachrichten
mettre au point	hier: entwickeln
la méthode contraceptive	die Verhütungsmethode
abattre	hier: erschießen, abknallen
la cigogne	der Storch
survoler	überfliegen
graver	hier: aufdrucken
la languette	die Lasche (am Schuh)
indiquer	angeben
enfiler	anziehen
un orteil	ein Zeh
le soutien-gorge	der Büstenhalter
deviner	erraten
la pointure	die Schuhgröße

le tour de poitrine	der Brustumfang
le mouton	das Schaf
le vétérinaire	der Tierarzt
une insomnie	Schlaflosigkeit
le remède	das Heilmittel, die Abhilfe
compter	zählen
le berger	der Schäfer
le chien	der Hund
prévenir	warnen
aïe!	au!
mordre	beißen
le bras	der Arm
ridicule	lächerlich

Par une nuit d'orage, dans un vieux château écossais, l'invité accompagné d'un domestique à l'air sinistre, entre timidement dans sa chambre:
– S'est-il passé quelque chose d'extraordinaire dans cette pièce?
– Pas depuis quarante ans, monsieur.
– L'invité pousse un soupir de soulagement.
– Et qu'est-il arrivé, il y a quarante ans?
– Un homme qui avait passé toute la nuit ici, a été revu, vivant, le lendemain matin.

Der Teilungsartikel

L'article partitif

LES CANNIBALES SONT DES HOMMES QUI AIMENT LEUR PROCHAIN AVEC DE LA SAUCE.

Der Teilungsartikel

1. Wann steht der Teilungsartikel?

Fast alle Dinge dieser Welt
Werden gewogen oder gezählt.

Vor Dingen[1], **sind sie nicht zählbar,**
Steht **de mit Artikel** im **Singular**.
Für **zählbare Teilmengen** nimmt
Man **des**, wenn diese unbestimmt.

wägbare, meßbare Mengen	zählbare Mengen
du lait, *de l'alcool*	**des** *arbres*
de la bière, *de l'eau*	**des** *pommes*

2. Wann steht der bestimmte Artikel?

Bestimmter Artikel steht,
Wenn es um die **ganze Menge** geht
Oder wir die Menge kennen,
Besitzer, Herkunft, Anzahl nennen.

les fleurs, *le* tabac	=	die Blumen, der Tabak schlechthin
l'argent de mon père	=	das Geld meines Vaters

---

1 Siehe auch Anmerkungen Seite 202

L'article défini et l'article partitif

Les cannibales sont **des hommes** qui aiment leur prochain avec **de la sauce.**

L'arrivée des bons missionnaires dans ce village de cannibales a modifié spectaculairement **les mœurs**: Le vendredi, ils ne mangent que **des pêcheurs.**

Brigitte rentre d'un voyage à Caracas et elle raconte à sa grand-mère avec des grands gestes:
– Là-bas, ils ont **des oranges** comme ça ... et **des bananes** énormes comme ça.
La grand-mère, qui est un peu sourde:
– Ah bon! Mais, dis-moi, a-t-il **de l'argent?**

Pourquoi les Arabes ont-ils **du pétrole** alors que **les Belges** n'ont que **des frites**?
Parce que **les Belges** ont choisi les premiers.

Un brave curé passe la frontière avec **des bouteilles** dans sa valise. Le douanier lui demande:
– Qu'est-ce qu'il y a, dans ces bouteilles?
– Oh! seulement **de l'eau** de Lourdes.
Le douanier renifle un peu les bouteilles, puis il s'écrie:
– Vous voulez rire, monsieur. C'est **du cognac**!
– Dieu soit loué, fait le curé. Il y a eu un miracle.

Der verkürzte Teilungsartikel

‹De› **ohne** den Artikel haben
Wir **nach Mengenangaben.**
Ob gewogen, ob gezählt,
Der Artikel fehlt.

un tas de choses		eine Menge Dinge	
une foule de touristes		eine Menge Touristen	
un kilo de poires		ein Kilo Birnen	
une bouteille de bière		eine Flasche Bier	
beaucoup de	viel	*peu de*	wenig
trop de	zuviel	*assez de*	genug
moins de	weniger	*plus de*	mehr
pas de	keine	*combien de*	wieviel

Anmerkungen

1. Unsere Regeln werden angewandt
   Auf Abstraktum wie auf Gegenstand.

   écouter du Mozart, de la musique

2. Die Anwendung der Regel muß mißglücken
   Bei Ausnahmen unter den Mengenausdrücken.

une partie des élèves	*le reste de l'argent*
la majorité des Français	*bien des gens*
la moitié de la classe	*la plupart du peuple*

L'article partitif

Un cosmonaute revient de la planète Mars. Une **foule de journalistes**
l'attend pour l'interviewer. Le premier demande:
– Alors, il y a **de la vie** sur Mars?
– Ben, fait le cosmonaute, le samedi soir, oui, mais le reste du temps,
c'est bien mort.

Un touriste allemand entre dans un café à Paris:
– Donnez-moi un sandwich avec **du pain noir, un peu de beurre** de
Normandie, **une** petite **tranche de jambon** de Parme, **de la moutarde**
de Dijon, **une cuillerée de sauce tartare, des cornichons** et . . .
– Parfait, dit le garçon. Pouvez-vous repasser demain pour le premier
essayage?

Les cas particuliers

Il y a **bien des gens** qui coucheraient volontiers avec la femme d'un
ami mais refuseraient avec dégoût de fumer sa pipe.

Georges Courteline

L'ennui avec les voitures de sport, c'est que le jour où vous avez les
moyens de vous en offrir une, **la plupart du temps** vous ne pouvez plus
rentrer dedans.

Noctuel

L'article défini et l'article partitif

TEST

Setzen Sie die passenden Artikel ein!

1. S'il y a tant _____ accidents sur les routes, c'est que nous avons _____ voitures de demain conduites par _____ hommes d'aujourd'hui sur _____ routes d'hier.

   Pierre-Jean Vaillard

2. Une femme entre dans un magasin à Berlin-Est.
   – Je voudrais _____ farine, camarade.
   – Tu te trompes, camarade, ici, c'est le magasin où il n'y a pas _____ chaussures. Le magasin où il n'y a pas _____ farine, c'est au coin.

3. Deux hommes sont en train de finir leur troisième bouteille _____ cognac.
   – Dis donc, fait l'un, qu'est-ce qu'elle dit, ta femme, quand tu rentres aussi tard?
   – Rien, je n'ai plus _____ femme, répond l'autre.
   – Alors, réplique le premier, pourquoi tu rentres tard?

4. Une jeune fille entre dans le supermarché en face d'un music hall et s'adresse au gérant du magasin:
   – J'achète toutes vos réserves _____ œufs et _____ tomates, monsieur.
   – Vous allez sûrement voir le concert de Stéphanie de Monaco, dit le gérant.
   – Oui et non: Stéphanie de Monaco, c'est moi.

5. Quand un homme est jeune il a _____ estomac; quand il l'est moins, il a _____ ventre.

   Noctuel

204

L'article défini et l'article partitif
Vocabulaire

du lait	Milch
mon prochain	mein Nächster
les mœurs (f.)	die Sitten, Gebräuche
le pêcheur	der Fischer
sourd,e	taub
choisir	(aus-)wählen
le curé	der Pfarrer
la frontière	die Grenze
le douanier	der Zollbeamte
renifler qc	an etwas schnuppern
Dieu soit loué	Gott sei gelobt
le miracle	das Wunder
bien des gens	viele Leute
la plupart des	die meisten
ben = bien	also, nun
une cuillerée	einen Löffel (voll)
repasser	hier: wiederkommen
un essayage	eine Anprobe
le cas particulier	der Sonderfall
avec dégoût	mit Abscheu
s'offrir qc	sich etwas leisten
la farine	das Mehl
au coin	an der Ecke
répliquer	erwidern
le gérant	der Geschäftsführer
la réserve	der Vorrat
l'estomac (m.)	der Bauch, Magen
avoir de l'estomac	Mut haben
avoir du ventre	einen dicken Bauch haben

Parlons d'amour

Un officier s'approche d'une fille de joie:
– Mademoiselle, accepteriez-vous ma compagnie?
– Bien sûr!
L'officier se retourne alors et crie:
– 7e compagnie, en avant... marche!

Tino, un bel Italien, se rend dans un magasin pour hommes. Une ravissante vendeuse l'accueille et lui demande:
– Que désirez-vous, monsieur?
– Je désirerais vous prendre dans mes bras, vous porter jusqu'à mon appartement, vous servir un Martini, mettre de la musique douce et vous faire l'amour avec passion. Mais ce dont j'ai besoin, c'est d'une paire de chaussettes.

Un émir arabe réunit ses 66 femmes et il leur déclare:
– Je dois vous annoncer que je vais vous quitter. Je suis tombé amoureux d'un autre harem.

Lui: Mon amour, dis-moi que je suis vraiment le premier dans ta vie.

Elle: Mais oui, mon chéri. Je me demande ce qu'ils ont les hommes, à poser toujours la même question.

---

une fille de joie: eine Prostituierte; **ravissant,e:** entzückend; **tomber amoureux, -euse de:** sich verlieben in

Der Infinitiv

L'infinitif

LE MARIAGE EST LA MEILLEURE ÉCOLE **POUR APPRENDRE À VIVRE SEUL.**

Der Infinitiv

Form:

Dem Infinitiv sieht man nicht an,
Wer wann was tut, **ob Frau, ob Mann.**

*Vouloir, c'est **pouvoir.***
(Wo ein Wille ist, ist auch ein Weg)

Infinitiv der Gegenwart	*aller* *naître* *partir* *donner* *vendre* *finir*		
Infinitiv der Vergangenheit	*être* $\left\{\begin{array}{l} allé,e \\ né,e \\ parti,e \end{array}\right.$	*avoir* $\left\{\begin{array}{l} donné \\ vendu \\ fini \end{array}\right.$	
Passiv	*être trompé,e; avoir été trompé,e*		

Präpositionen gehen ihm voraus,
Nur selten kommt er ohne aus.
Der Typ mit *de* ist relativ
Der häufigste Infinitiv.
Lerne also jene Fälle,
Die selten sind,
an erster Stelle:

1. den Infinitiv **ohne** Präposition
2. den Infinitiv **mit à**
3. den Infinitiv mit Präpositionen außer **de**.

L'infinitif

Dans les autobus, au-dessus de la place du conducteur, il y a toujours une petite pancarte. Mais le texte diffère selon les nationalités.

En Allemagne on peut **lire**: Il est strictement interdit **de parler** au chauffeur. En Italie: Il vaut mieux ne pas **parler** au chauffeur. En Israël: Il n'y a aucun intérêt **à parler** au chauffeur. Et à Marseille: Il est défendu **de répondre** au chauffeur.

Il y a des chirurgiens qui portent un masque **pour** ne pas **être reconnus** de leurs victimes.

Deux Lords se croisent dans leur club.
– Cher ami, dit le premier, je suis désolé **d'apprendre** que vous avez dû **enterrer** votre épouse.
– Que voulez-vous, répond l'autre, j'étais bien obligé **de le faire** – elle était morte.

Un mari ouvre son courrier, il devient violet et il se met **à hurler**:
– Ça alors! Qui ose m'**écrire** que je suis cocu?
– Eh bien, fait sa femme, ça doit **être** un de nos amis intimes, quelqu'un qui nous connaît très bien, tous les deux.

Le mariage est la meilleure école **pour apprendre à vivre** seul.

Louise Leblanc

Der Infinitiv

Er steht ohne Präposition

1. nach modalen Hilfsverben

vouloir	wollen	*sembler*	scheinen
pouvoir	können	*devoir*	sollen
oser	wagen	*faillir faire*	beinahe tun

2. nach Verben der sinnlichen Wahrnehmung

écouter	zuhören	*entendre*	hören
regarder	zusehen	*voir*	sehen

3. nach Verben des Wünschens

aimer	gerne tun	*préférer*	vorziehen
espérer	hoffen	*désirer*	wünschen

4. nach Verben des Sagens und Denkens

dire	sagen	*déclarer*	erklären
jurer	schwören	*avouer*	gestehen
penser	denken	*se rappeler*	sich erinnern

5. nach Bewegungsverben zur Angabe des Zweckes

aller voir	besuchen	*venir prendre*	abholen
envoyer chercher qn		nach jemandem schicken
aller faire qc		etwas vorhaben / tun werden

6. nach zwei wichtigen Verben

laisser faire qc à qn	jemanden etwas tun lassen
faire faire qc à qn	jemanden veranlassen, etwas zu tun

L'infinitif

Un jeune volontaire qui **veut servir** dans la marine passe devant le conseil de révision. Le médecin lui demande:
– Vous **savez nager?**
– Nager? Vous n'avez pas de bateaux?

Deux amis rentrent chez eux en voiture après une soirée bien arrosée. Soudain l'un d'eux s'écrie:
– Eh! Attention! Tu as **failli** nous **lancer** dans un arbre!
– Comment, fait l'autre, très étonné, ce n'est donc pas toi qui conduis?

Deux harengs, père et fils, se promènent au fond de la mer. Tout à coup, ils **voient passer** un sous-marin.
– Qu'est-ce que c'est? demande le fils.
– Des hommes en conserve.

Annonce dans «L'Alsace illustrée»:
Veuve sérieuse, 60 ans, **désire connaître** monsieur. Tout le reste verbalement.

Un homme entre chez le boucher.
– Je **viens** vous **demander** la main de votre fille, monsieur. Le boucher, distrait: Avec ou sans os?

En l'an 2000, des voyageurs **viennent de s'installer** dans un avion entièrement automatique. Après une demi-heure une voix **se fait entendre** dans un haut-parleur:
– Mesdames, Messieurs, comme vous le savez, cet avion est complètement automatisé. Rien ne **peut se détraquer**... se détraquer... se détraq... se détr...

Der Infinitiv

Nach welchen Ausdrücken steht Infinitiv mit à?

Nach Verben, die Bemühen und Bestreben
Oder Richtung, Ziel und Zweck angeben:

aider à	helfen bei	*inviter à*	auffordern
apprendre à	etwas lernen	*encourager à*	ermutigen
réussir à	Erfolg haben	*chercher à*	trachten nach
arriver à	gelingen	*servir à*	dienen zu

Nach Adjektiv und Substantiv
Sagt **à mit dem Infinitiv,**
Wozu man ein Ding brauchen kann,
Gibt dessen Zweck und Eignung an.

une chambre à coucher		Schlafzimmer	
maison à vendre		Haus zu verkaufen	
facile à	leicht	*prêt à*	fertig
bon à	geeignet	*apte à*	fähig
lent à	langsam	*prompt à*	schnell
le premier à	der erste	*le seul à*	der einzige

Merke:

Cet homme est facile à tromper.	aber: *Il est facile de tromper cet homme.*
Nach unpersönlichen Wendungen:	**Infinitiv mit de**

L'infinitif

Un jeune médecin vient de pratiquer son premier accouchement.
Quand il rentre chez lui, sa femme lui demande:
– Alors, chéri, comment ça s'est passé?
– Pas catastrophiquement, pour une première fois. J'**ai réussi à sauver** le père.

Autrefois, les seins d'une femme **servaient à nourrir** les enfants; aujourd'hui, ils **servent à nourrir** les cinéastes.

Un automobiliste s'arrête à hauteur d'un agent de police et se plaint avec véhémence;
– Voilà deux heures que je tourne au milieu de vos sens uniques, sans **réussir à sortir** de Paris.
– Monsieur, lui dit l'agent, quand on a la chance d'être à Paris, on ne **cherche** pas **à le quitter**.

Il y aurait beaucoup plus de célibataires **prêts à s'unir** à une femme, s'ils ne devaient pas se séparer de tant d'autres.

L'agréable, dans les cadeaux d'argent pour Noël, c'est qu'ils sont **faciles à échanger.**

Edgar Degas

Certains hommes considèrent leur femme comme leur voiture. Ils s'imaginent être **les seuls à pouvoir** la conduire.

Der Infinitiv

Infinitiv mit **à** gibt an,
Welche **Mittel** ich verwende;
Wie geh ich an die Sache ran,
Er nennt also **Begleitumstände**.

s'amuser à faire qc	Gefallen dabei finden
se fatiguer à faire qc	müde werden, etwas zu tun
se plaire à faire qc	gerne etwas tun
se mettre / commencer à faire	beginnen, etwas zu tun
consister à faire	darin bestehen, zu …
passer son temps à faire	seine Zeit damit verbringen, etwas zu tun

Der Infinitiv nach de

Zu viele Regeln wären hier zu nennen,
Drum sollten wir die Fälle kennen,
Die wir zahlenmäßig überblicken:
Den **Infinitiv mit à und ohne Präposition**.
Ihn kennen wir von vorher schon.

Mit *de* geht meist der große Rest.
Wobei man sich aufs Glück verläßt.

Merke:

avant de faire	bevor man etwas tut
être en train de faire	gerade etwas tun
venir de faire qc	soeben etwas getan haben

L'infinitif

Cela se passe dans une caserne. L'adjudant **se met à hurler:**
– Rassemblement par ordre alphabétique. Les plus petits devant.

La stratégie, cela **consiste à continuer à tirer,** pour faire croire à l'ennemi qu'on a encore des munitions.

Henri Monnier

La bigamie **consiste à avoir** une femme en trop. La monogamie aussi d'ailleurs.

H. H. Mencken

Sur un bateau, un jeune officier **se met à faire** le point au sextant et il annonce le résultat de l'opération. Alors, le capitaine enlève sa casquette et **commence à prier.**
– Mais, je ne comprends pas, dit le jeune homme, est-ce une **tradition** dans la marine **de prier** quand on **vient de faire** le point?
– Non, fait le capitaine, mais d'après vos calculs nous sommes dans la cathédrale de Reims.

Depuis qu'un jeune Allemand a atterri en avion sur la place Rouge à Moscou, il est formellement **interdit d**'y **fumer.**
Pourquoi? Parce qu'il est toujours **interdit de fumer** sur les aéroports.

Qu'est-ce que c'est qu'un gentleman?
C'est un monsieur **en train de décrire** Jane Fonda sans faire le moindre geste.

L'infinitif
TEST

Setzen Sie, wo nötig, die richtigen Präpositionen ein!

1. – Maman, dit une petite fille, tu m'emmènes au zoo _____ voir
   les singes?
   – Comment, s'indigne la mère, peux-tu avoir l'idée _____ aller
   au zoo, _____ voir les singes, alors que ta tante Hortense doit
   _____ arriver d'une minute à l'autre.

2. Le célibataire est un homme qui a réussi _____ ne pas trouver une
   femme.

   André Prévot

3. La petite Yvonne dit à sa mère:
   – Nos voisins doivent _____ être très pauvres. Ils sont en train
   _____ crier très fort parce que leur bébé vient _____ avaler une
   pièce de dix francs.

4. Le véritable optimiste est celui qui va au restaurant sans un sou et
   qui espère _____ payer avec les perles qu'il trouvera dans les huî-
   tres.

5. Quand une femme a une maison bien propre, il est facile _____
   trouver ses enfants: ils sont généralement chez la voisine.

6. La journée d'une mère de famille est très simple _____ décrire:
   elle passe deux heures _____ faire réellement quelque chose – et
   le reste de son temps _____ empêcher ses enfants _____ faire
   quelque chose.

7. Une jeune fille devient femme quand elle cesse _____ chercher
   l'homme idéal et commence _____ se mettre en quête d'un
   mari.

L'infinitif
Vocabulaire

être né,e	geboren sein
avoir été trompé,e	getäuscht worden sein
le conducteur	der Fahrer
une pancarte	ein Hinweisschild
différer	verschieden sein
il est interdit	es ist untersagt
il vaut mieux	es ist besser
il n'y aucun intérêt à faire	es bringt nichts, etwas zu tun
il est défendu de faire	es ist verboten, etwas zu tun
reconnaître, reconnu,e	erkennen, erkannt
se croiser	sich begegnen
je suis désolé	es tut mir leid
apprendre qc	etwas erfahren, hören
enterrer	beerdigen
une épouse	Ehefrau, Gattin
le courrier	die (Brief-)Post
hurler	brüllen
oser	wagen
le cocu	der betrogene Ehemann
le volontaire	der Freiwillige
le conseil de révision	Musterungsausschuß
une soirée bien arrosée	ein feucht-fröhlicher Abend
faillir lancer qn dans un arbre	jemanden beinahe gegen einen Baum fahren
un hareng	ein Hering
le sous-marin	das Unterseeboot
tromper qn	jemanden täuschen
la veuve	die Witwe
verbalement	mündlich
le boucher	der Metzger
distrait,e	zerstreut
un os	ein Knochen
entièrement	völlig
venir de faire qc	soeben etwas getan haben

s'installer	Platz nehmen
une voix se fait entendre	eine Stimme ist zu hören
se détraquer	kaputtgehen
un accouchement	Geburt
le sein	die Brust
nourrir	säugen, ernähren
les cinéastes	die Leute vom Film
se plaindre	sich beschweren
le sens unique	die Einbahnstraße
s'unir à une femme	eine Frau heiraten
le cadeau pour Noël	Weihnachtsgeschenk
le rassemblement	der Appell, das Antreten
tirer	schießen
considérer comme	betrachten als
prier	beten
faire le point	die Position bestimmen
les calculs (m.)	die Berechnungen
atterrir	landen
fumer	rauchen
emmener qn	jemanden mitnehmen
le singe	der Affe
s'indigner	sich entrüsten
le voisin	der Nachbar
avaler	verschlucken
le véritable optimiste	der wahre Optimist
une huître	eine Auster
empêcher de faire	verhindern, hindern an
cesser de faire qc	aufhören etwas zu tun
se mettre en quête	sich auf die Suche machen

Ceux qui apprennent avec facilité les langues étrangères...

...ont généralement une forte personnalité, estime Ludwig Börne. Et l'on a tout lieu de croire qu'avec autant de détermination, ce sont également des épargnants qui ont l'habitude de réussir; car ils savent ce qui compte.

Pfandbrief und Kommunalobligation

Meistgekaufte deutsche Wertpapiere - hoher Zinsertrag - bei allen Banken und Sparkassen

Lösungen zu den Tests

Les auxiliaires avoir et être

1. a apporté / arrêté
2. est devenu / est sorti
3. j'ai pris / il a fallu / j'en ai pêché / je l'ai sorti / a baissé
4. il s'est passé / est partie

Le passé composé

1. il a fait / j'ai lu / j'ai vu / je suis allé / j'ai écouté / j'ai assisté / j'ai décidé
2. je vous ai fait / vous avez bougé
3. se sont bien passés / ont commencé / j'ai voulu
4. est devenu

L'imparfait

1. il était / qui te demandais / tu allais
2. c'était / étiez-vous / nous étions / il devait
3. ce n'était pas / ils n'avaient pas
4. elle attendait / ça ne concordait pas / elle voulait / je préférais

L'imparfait et le passé composé

1. vous êtes partis / j'étais / tu étais / on est parti / on est revenu
2. se sont passés / j'étais / il pleuvait / je suis reparti / m'a fait
3. tu as mis / il était
4. a observé / j'ai vu / tu t'entendais / je t'ai regardé / tu lui rendais / ce n'étaient pas / c'étaient

Le passé simple

1. il pleuvait / sortait / aperçut / monta / fit / remarqua / avait / voulait / dit / donna / disparut
2. buta / dit / continua / heurta / s'assit / demanda / fit

Le plus-que-parfait

1. m'aviez caché
2. s'était suicidé
3. n'avait fait que
4. j'étais montée
5. on avait parié
6. avait joué / avait gagné

Le futur

1. vous l'aurez pris / vous boirez
2. vous aurez fini / elle vous semblera
3. prendrez-vous
4. elles finiront

Le conditionnel

1. feriez / aimerais / habillerais / marierais
2. aurait / serait
3. pourrais / voudrait
4. serais

La proposition conditionnelle

1. je les retirais
2. vous ne savez pas / entrez
3. j'avais été
4. quitteraient
5. je l'aurais épousée
6. elle vient

L'indicatif et le subjonctif

1. fassent
2. sache
3. puisse
4. guérisse / garde
5. puissions

Le discours indirect

A
1. je parle / je rencontrais / je suis arrivé
2. j'avais fait
3. les femmes n'avaient pas / elle avait jamais vu

B
1. combien je gagne
2. ce qu'elle en pense

La voix passive

1. Un grand buveur a été invité par des amis.
2. Les méchants y sont toujours punis.
3. Tu n'avais jamais été embrassée?
4. j'ai été opérée de l'appendicite?
5. La parole a été donnée

Les pronoms personnels

1. b
2. a
3. b
4. c
5. a

L'accord du participe passé

1. étranglé / morte / prise
2. passé / reçue / posé / posée
3. ramassés / servi / digérés
4. rêvé / décoiffé

L'impératif

1. c
2. a
3. b
4. b
5. c

La négation

1. ils ne pouvaient parler de personne.
2. on ne fait rien.
3. ce n'est pas un péché, ce n'est qu'une erreur.
4. personne ne veut s'en servir après vous.
5. il n'a jamais voulu parler pour ne pas être obligé de travailler.
6. La poule n'est qu'un moyen.

La proposition relative

1. dans laquelle / tout ce qui
2. qui
3. qui
4. chez lequel / qui / qui
5. à qui

Les participes

1. blessé / cassés / pliée / cabossée / marié
2. charmants
3. décorée / passionnée
4. pratiqué
5. séparés
6. excédée

Les participes et le gérondif

1. en remettant / en mesurant / en le divisant
2. ne se sentant pas bien
3. accompagné / en prenant place
4. ayant

L'article partitif

1. à / des / des / des
2. de la / de / de
3. de / de
4. d' / de
5. de l' / du

L'infinitif

1. – / de / – / –
2. à
3. – / de / d'
4. –
5. de
6. à / à / à / de
7. de / à (de)

L'imparfait

1. nous vivons
2. nous avions
3. nous faisions
4. je vivais

ro
ro
ro
SPRACHEN

C 2199/7 a